TUERIE
À MARRAKECH

DU MÊME AUTEUR
AUX PRESSES DE LA CITÉ

N° 1 S.A.S. À ISTANBUL
N° 2 S.A.S. CONTRE C.I.A.
N° 3 S.A.S. OPÉRATION APOCALYPSE
N° 4 SAMBA POUR S.A.S.
N° 5 S.A.S. RENDEZ-VOUS À SAN FRANCISCO
N° 6 S.A.S. DOSSIER KENNEDY
N° 7 S.A.S. BROIE DU NOIR
N° 8 S.A.S. AUX CARAÏBES
N° 9 S.A.S. À L'OUEST DE JÉRUSALEM
N° 10 S.A.S. L'OR DE LA RIVIÈRE KWAÏ
N° 11 S.A.S. MAGIE NOIRE À NEW YORK
N° 12 S.A.S. LES TROIS VEUVES DE HONG-KONG
N° 13 S.A.S. L'ABOMINABLE SIRÈNE
N° 14 S.A.S. LES PENDUS DE BAGDAD
N° 15 S.A.S. LA PANTHÈRE D'HOLLYWOOD
N° 16 S.A.S. ESCALE À PAGO-PAGO
N° 17 S.A.S. AMOK À BALI
N° 18 S.A.S. QUE VIVA GUEVARA
N° 19 S.A.S. CYCLONE À L'ONU
N° 20 S.A.S. MISSION À SAÏGON
N° 21 S.A.S. LE BAL DE LA COMTESSE ADLER
N° 22 S.A.S. LES PARIAS DE CEYLAN
N° 23 S.A.S. MASSACRE À AMMAN
N° 24 S.A.S. REQUIEM POUR TONTONS MACOUTES
N° 25 S.A.S. L'HOMME DE KABUL
N° 26 S.A.S. MORT À BEYROUTH
N° 27 S.A.S. SAFARI À LA PAZ
N° 28 S.A.S. L'HÉROÏNE DE VIENTIANE
N° 29 S.A.S. BERLIN CHECK POINT CHARLIE
N° 30 S.A.S. MOURIR POUR ZANZIBAR
N° 31 S.A.S. L'ANGE DE MONTEVIDEO
N° 32 S.A.S. MURDER INC. LAS VEGAS
N° 33 S.A.S. RENDEZ-VOUS À BORIS GLEB
N° 34 S.A.S. KILL HENRY KISSINGER !
N° 35 S.A.S. ROULETTE CAMBODGIENNE
N° 36 S.A.S. FURIE À BELFAST
N° 37 S.A.S. GUÊPIER EN ANGOLA
N° 38 S.A.S. LES OTAGES DE TOKYO
N° 39 S.A.S. L'ORDRE RÈGNE À SANTIAGO
N° 40 S.A.S. LES SORCIERS DU TAGE
N° 41 S.A.S. EMBARGO
N° 42 S.A.S. LE DISPARU DE SINGAPOUR
N° 43 S.A.S. COMPTE À REBOURS EN RHODÉSIE
N° 44 S.A.S. MEURTRE À ATHÈNES
N° 45 S.A.S. LE TRÉSOR DU NÉGUS
N° 46 S.A.S. PROTECTION POUR TEDDY BEAR
N° 47 S.A.S. MISSION IMPOSSIBLE EN SOMALIE
N° 48 S.A.S. MARATHON À SPANISH HARLEM
N° 49 S.A.S. NAUFRAGE AUX SEYCHELLES
N° 50 S.A.S. LE PRINTEMPS DE VARSOVIE
N° 51 S.A.S. LE GARDIEN D'ISRAËL
N° 52 S.A.S. PANIQUE AU ZAÏRE
N° 53 S.A.S. CROISADE À MANAGUA
N° 54 S.A.S. VOIR MALTE ET MOURIR
N° 55 S.A.S. SHANGHAÏ EXPRESS
N° 56 S.A.S. OPÉRATION MATADOR
N° 57 S.A.S. DUEL À BARRANQUILLA
N° 58 S.A.S. PIÈGE À BUDAPEST
N° 59 S.A.S. CARNAGE À ABU DHABI
N° 60 S.A.S. TERREUR À SAN SALVADOR
N° 61 S.A.S. LE COMPLOT DU CAIRE
N° 62 S.A.S. VENGEANCE ROMAINE
N° 63 S.A.S. DES ARMES POUR KHARTOUM
N° 64 S.A.S. TORNADE SUR MANILLE

Nº 65 S.A.S. LE FUGITIF DE HAMBOURG
Nº 66 S.A.S. OBJECTIF REAGAN
Nº 67 S.A.S. ROUGE GRENADE
Nº 68 S.A.S. COMMANDO SUR TUNIS
Nº 69 S.A.S. LE TUEUR DE MIAMI
Nº 70 S.A.S. LA FILIÈRE BULGARE
Nº 71 S.A.S. AVENTURE AU SURINAM
Nº 72 S.A.S. EMBUSCADE A LA KHYBER PASS
Nº 73 S.A.S. LE VOL 007 NE RÉPOND PLUS
Nº 74 S.A.S. LES FOUS DE BAALBEK
Nº 75 S.A.S. LES ENRAGÉS D'AMSTERDAM
Nº 76 S.A.S. PUTSCH A OUAGADOUGOU
Nº 77 S.A.S. LA BLONDE DE PRÉTORIA
Nº 78 S.A.S. LA VEUVE DE L'AYATOLLAH
Nº 79 S.A.S. CHASSE A L'HOMME AU PÉROU
Nº 80 S.A.S. L'AFFAIRE KIRSANOV
Nº 81 S.A.S. MORT A GANDHI
Nº 82 S.A.S. DANSE MACABRE A BELGRADE
Nº 83 S.A.S. COUP D'ÉTAT AU YEMEN
Nº 84 S.A.S. LE PLAN NASSER
Nº 85 S.A.S. EMBROUILLES A PANAMA
Nº 86 S.A.S. LA MADONE DE STOCKHOLM
Nº 87 S.A.S. L'OTAGE D'OMAN
Nº 88 S.A.S. ESCALE À GIBRALTAR

L'IRRÉSISTIBLE ASCENSION DE MOHAMMAD REZA, SHAH D'IRAN
LA CHINE S'ÉVEILLE
LA CUISINE APHRODISIAQUE DE S.A.S
PAPILLON ÉPINGLÉ
LES DOSSIERS SECRETS DE LA BRIGADE MONDAINE
LES DOSSIERS ROSES DE LA BRIGADE MONDAINE

AUX ÉDITIONS DU ROCHER

LA MORT AUX CHATS
LES SOUCIS DE SI-SIOU

AUX ÉDITIONS DE VILLIERS

Nº 89 S.A.S. AVENTURE EN SIERRA LEONE
Nº 90 S.A.S. LA TAUPE DE LANGLEY
Nº 91 S.A.S. LES AMAZONES DE PYONGYANG
Nº 92 S.A.S. LES TUEURS DE BRUXELLES
Nº 93 S.A.S. VISA POUR CUBA
Nº 94 S.A.S. ARNAQUE À BRUNEI
Nº 95 S.A.S. LOI MARTIALE À KABOUL
Nº 96 S.A.S. L'INCONNU DE LENINGRAD
Nº 97 S.A.S. CAUCHEMAR EN COLOMBIE
Nº 98 S.A.S. CROISADE EN BIRMANIE
Nº 99 S.A.S. MISSION À MOSCOU
Nº 100 S.A.S. LES CANONS DE BAGDAD
Nº 101 S.A.S. LA PISTE DE BRAZZAVILLE
Nº 102 S.A.S. LA SOLUTION ROUGE
Nº 103 S.A.S. LA VENGEANCE DE SADDAM HUSSEIN
Nº 104 S.A.S. MANIP À ZAGREB
Nº 105 S.A.S. KGB CONTRE KGB
Nº 106 S.A.S. LE DISPARU DES CANARIES
Nº 107 S.A.S. ALERTE PLUTONIUM
Nº 108 S.A.S. COUP D'ÉTAT À TRIPOLI
Nº 109 S.A.S. MISSION SARAJEVO
Nº 110 S.A.S. TUEZ RIGOBERTA MENCHU
Nº 111 S.A.S. AU NOM D'ALLAH
Nº 112 S.A.S. VENGEANCE À BEYROUTH
Nº 113 S.A.S. LES TROMPETTES DE JERICHO
Nº 114 S.A.S. L'OR DE MOSCOU
Nº 115 S.A.S. LES CROISÉS DE L'APARTHEID
Nº 116 S.A.S. LA TRAQUE CARLOS

LE GUIDE S.A.S. 1989

GÉRARD DE VILLIERS

TUERIE À MARRAKECH

ÉDITIONS
■ GERARD de VILLIERS ■

Photo de la couverture : Michael MOORE
Arme, modèle STEYR, TMP, fournie par :
armurerie COURTY ET FILS, à Paris

La loi du 11 mars 1957 n'autorisant, aux termes des alinéas 2 et 3 de l'article 41, d'une part, que les *copies ou reproductions strictement réservées à l'usage privé du copiste et non destinées à une utilisation collective*, et, d'autre part, que les analyses et les courtes citations dans un but d'exemple et d'illustration, *toute représentation ou reproduction intégrale ou partielle, faite sans le consentement de l'auteur ou de ses ayants droit ou ayants cause, est illicite* (alinéa 1er de l'article 40). Cette représentation ou reproduction, par quelque procédé que ce soit, constituerait donc une contrefaçon sanctionnée par les articles 425 et suivants du Code pénal.

© Éditions Gérard de Villiers, 1995.

ISBN : 2 - 7386 - 5730 - 3

ISSN : 0295 - 7604

CHAPITRE PREMIER

Une voix rauque brisa le silence de la nuit, interpellant les habitants endormis de la médina de Marrakech pour la plus grande gloire d'Allah, le Tout-Puissant et Miséricordieux.

Wa lillahi el machreq wa el maghreb (1).

John Melrose ouvrit les yeux, surpris. Il faisait encore nuit noire. La voix continuait, ciselant d'intonations graves ou aiguës la sourate du Coran; d'une intensité absolue, en l'absence de tout autre bruit. C'était celle du *Fiqh* (2) de la mosquée voisine de Bab Doukkala. Cette prière d'*Al Fajr* était facultative, mais la gloire de Dieu n'attendait pas, pour les Vrais Croyants...

John Melrose essaya sans y parvenir de se rendormir. La voix puissante du *Fiqh*, amplifiée par un puissant haut-parleur, traversait les volets de bois et les épais rideaux damassés, comme pour l'atteindre, lui, particulièrement.

Il resta immobile dans l'obscurité, les yeux ouverts. La sourate était interminable. Régulièrement, la voix semblait s'éteindre, libérant un espace de silence, puis elle repartait de plus belle, dans une stridence renouvelée, réveillant quelques milliers de personnes, croyants et incroyants. La vieille médina de Marrakech comptait

---

(1) Allah est grand. Il règne sur l'Orient, Il règne sur l'Occident.
(2) Prédicateur.

une demi-douzaine de mosquées, mais les autres *Fiqhs* attendaient les premiers rayons du soleil pour appeler les fidèles à la prière du matin, *Al Sobh*. La sourate, psalmodiée d'une voix monocorde, martelait méthodiquement les neurones de John Melrose. Il avait beau être accoutumé aux pays musulmans, l'irruption, à la lisière du sommeil, de cette complainte puissante et austère l'agressait et le rendait nerveux. Il réprima une folle envie de se lever, de prendre un des fusils utilisés pour la chasse aux bécasses à Taroudant, et de tirer sur le minaret de Bab Doukkala. Abominable sacrilège qui ferait paraître péchés très véniels les « crimes » de Salman Rushdie. Il imagina une foule déchaînée et vociférante prenant d'assaut, sauvagement, la maison où il se trouvait. Pour un agent de la *Central Intelligence Agency*, ce serait une fin ignominieuse. Politiquement *très* incorrecte...

Bercé par ce fantasme sulfureux, il referma les yeux mais ne parvint pas à retrouver le sommeil. Il s'étira et son flanc toucha involontairement celui de la femme qui dormait à côté de lui. Elle, le *Fiqh* ne l'avait pas réveillée.

Mais Dalila Villanova était algérienne. Devenue espagnole grâce au coup de foudre d'un banquier madrilène, puis sa veuve, à la suite d'un providentiel accident de montagne, elle n'arrivait pas à dépenser une fortune tombée miraculeusement du ciel à la mort de son mari. Elle meublait une quarantaine épanouie par des coups de cœur à répétition dont John Melrose était le plus récent bénéficiaire. Il est vrai que depuis l'âge de quatorze ans, sa mère lui répétait qu'elle avait le feu au cul.

Dans son sommeil, elle s'allongea sur le côté, logeant sa croupe contre le ventre de son amant, légèrement en chien de fusil. Ses fesses rondes, fermes et chaudes, appuyèrent sur le sexe endormi de John Melrose, avec l'insistance innocente du sommeil, et elle émit un léger soupir. Machinalement, il passa un bras autour de sa

TUERIE À MARRAKECH

taille, puis remonta, emprisonnant entre ses doigts un sein en poire, raffermi par une intelligente chirurgie esthétique farouchement niée. Dalila Villanova s'obstinait à prétendre que l'arrogance de sa lourde poitrine n'était due qu'à des ablutions répétées à l'eau de rose et à des massages à la glaise dispensés par une vieille rebouteuse de la médina.

John Melrose posa son visage contre le dos nu de la femme endormie, respirant l'odeur de sa peau. Tous les soirs, avant de s'habiller, elle frottait chaque centimètre de son corps avec un petit bloc de musc que se procurait Mazzouka, sa servante, dans le souk des parfums. L'odeur, sensuelle et entêtante, persistait des heures. Complètement réveillé, il commença à caresser la peau tiède et douce.

Le refrain lancinant du *Fiqh* sembla augmenter de volume, comme pour le détourner de sa pulsion impie. Mais un petit Satan devait rôder dans la chambre. John Melrose sentait sa virilité s'éveiller, déployant une tige brûlante et dure contre la croupe de Dalila. La jeune femme bougea légèrement dans son sommeil, enfouissant le sexe raide dans la vallée élastique de ses fesses. Cet abandon, fleur de sensualité, lui en rappela un autre, trois ans plus tôt.

Il était alors chef de station de la *Central Intelligence Agency* à Madrid, après avoir dû quitter Alger où il ne parvenait plus à remplir sa mission : maintenir le contact avec les dirigeants du FIS (1). Il avait rencontré Dalila Villanova dans un cocktail à l'*Hôtel Alphonse XIII*. Son allure sage contrastait avec son physique éblouissant, bridé par un tailleur boutonné jusqu'au cou. Elle l'avait fasciné. Il s'était aussitôt renseigné et avait découvert qu'elle sortait d'un veuvage récent. Son mari, Enrique Villanova, gros banquier madrilène, avait été emporté par une avalanche dans le Caucase, où il chassait l'ours brun.

(1) Front islamique du salut.

A quelques brèves lueurs dans les yeux noirs de la jeune femme, John Melrose avait deviné qu'elle reprenait goût à la vie. Et il s'était arrangé pour se trouver dans son champ de vision.

Grand, élancé, la chevelure noire abondante, des yeux veloutés de play-boy, John Melrose ne comptait plus ses conquêtes. Dalila Villanova avait accepté du bout des lèvres son offre de l'emmener dîner, après le cocktail. Au *Circo*, elle était restée très digne, très froide. John s'était dit qu'une escale dans une boîte de flamenco, le *Corral de la Moreria*, la dégèlerait peut-être.

Dans l'ombre propice du cabaret, il lui avait, presque par inadvertance, touché le genou. Cela avait été comme un déclic secret. Dalila lui avait sauté dans les bras! John avait eu du mal à interrompre ses baisers passionnés pour demander l'addition. Ils avaient commencé à faire l'amour dans l'ascenseur de son immeuble et il l'avait prise, pour la première fois, debout sur son palier. La veuve aux yeux baissés s'était métamorphosée en cavale déchaînée, insatiable.

Cependant, le lendemain, lorsqu'il l'avait appelée pour lui proposer de déjeuner, un domestique lui avait appris qu'elle était partie en voyage, sans laisser de message. John ne l'avait revue que quinze jours plus tard. C'est elle qui avait téléphoné, à son bureau de l'ambassade américaine. Ils avaient dîné ensemble le soir-même. Cette fois, ils avaient pris leur temps, mais Dalila semblait ne jamais devoir se rassasier, extirpant de son nouvel amant ses dernières gouttes de désir avec une sensualité avide. Elle s'était confectionnée elle-même une « Caïpirinha », avec du Cointreau et du citron vert sur de la glace pilée, avait allumé une cigarette et, entre deux bouffées de Lucky Strike, elle lui avait raconté sa vie. Des parents riches, pontes du FLN, l'avaient envoyée étudier à Madrid. Elle y avait rencontré son mari, qui avait divorcé pour cette somptueuse cavale chaude comme l'enfer. Après sa dispari-

TUERIE À MARRAKECH

tion, elle n'avait pas voulu retourner vivre en Algérie, étant donné l'ambiance... Elle partageait son temps entre Madrid et une maison à Marrakech, ne faisant à Alger, où elle avait encore sa famille, que de rares séjours. John avait été impressionné par le luxe de son appartement madrilène dont elle avait confié la décoration à l'architecte d'intérieur parisien Claude Dalle. Ce dernier en avait fait une splendeur pour une petite fortune, mélangeant le fer forgé rehaussé en bronze doré à des créations en amboise rose. Belle, riche, libre, indépendante... Dalila était la maîtresse idéale.

Par réflexe professionnel, John Melrose l'avait fait « cribler » par le CE (1). Lorsqu'il avait reçu sa fiche, établie par la Station d'Alger, il avait eu la surprise de sa vie. Dalila Villanova était la maîtresse attitrée du général Slimane Smaïn, un des patrons des services de renseignements algériens de la sinistre Sécurité militaire, responsable d'innombrables tortures, meurtres, manips et exactions diverses.

Prudent, John Melrose avait fait un saut à Langley pour exposer son cas au directeur du *Desk « North Africa »*. La réponse avait été nette : il pouvait poursuivre sa liaison, en prenant, bien sûr, certaines précautions. Dalila Villanova pouvait éventuellement se révéler une « source » intéressante.

Trois mois plus tard, alors qu'il ne l'avait pas vue depuis quelques jours, John Melrose avait retrouvé Dalila changée, bizarre, tendue. Au-dessus de son sourcil gauche, mal dissimulée par son maquillage, se remarquait une vilaine ecchymose.

— Que t'est-il arrivé ? lui avait-il demandé.

— C'est à cause de toi, avait-elle répondu en baissant la voix.

— De moi ?

Elle l'avait regardé avec une gravité teintée d'ironie.

_____

(1) Contre-espionnage.

TUERIE À MARRAKECH

– Tu ne m'avais pas dit que tu appartenais à la CIA.

Pris de court, John Melrose n'avait pu que répondre :

– Ce ne sont pas des choses que l'on confie. Nos relations ne sont pas « professionnelles ».

Dalila Villanova s'était penchée sur lui avec son habituel sourire carnassier de femelle avide.

– Ce n'est pas l'avis de tout le monde. J'ai un autre homme dans ma vie, à Alger. Il est très jaloux, très puissant et *très bien* renseigné. Il me fait surveiller ici, à Madrid, et il a appris que j'étais ta maîtresse. J'étais avec lui ce week-end. Il m'a battue, pour me faire dire que je m'étais mise à travailler pour toi...

– C'est une brute! s'était insurgé John Melrose, à moitié étonné pourtant, car le général Smaïn n'avait pas la réputation d'être un tendre.

En Amérique, on ne battait pas les femmes, ce n'était pas « politiquement correct », mais chez les Arabes, ce genre de pratique était loin de choquer.

Dalila Villanova avait eu un drôle de sourire.

– Je lui ai juré que je n'étais pas devenue un agent de la CIA. Qu'une seule chose m'intéressait chez toi : ça!

Elle avait glissé une main sous la table et empoigné son sexe à travers son pantalon, serrant à lui faire presque mal.

John Melrose avait été flatté. Dans son pays, les femmes étaient rarement aussi directes.

– Pourquoi ne quittes-tu pas ce type?

Elle avait longuement hésité avant de répondre.

– Je n'y arrive pas. C'est le premier homme qui m'a baisée. Je n'avais pas quinze ans. Jamais je n'avais ressenti quelque chose d'aussi fort. Depuis, c'est comme une drogue. Et puis, il me fait peur.

Aussitôt, elle s'était penchée sur lui, embrassant sa poitrine.

TUERIE À MARRAKECH

– Toi aussi, je t'aime. Tu as la peau douce comme une femme et tu es beau.

Ils n'avaient plus jamais reparlé de la double vie de Dalila. Celle-ci n'avait jamais posé de questions à John sur ses activités. Parfois, il lui en parlait spontanément, lui demandant son avis sur une personnalité algérienne. Sa mission consistait à « traiter » à partir de Madrid un maximum de dirigeants ou de responsables du FIS ou du GIA (1), afin de nouer des liens pour l'avenir. Les Etats-Unis jouaient perdant le gouvernement algérien, estimant que sa chute était inéluctable, en raison de sa corruption et de son incapacité à résoudre les problèmes économiques. Alors, autant éviter de devenir, comme en Iran, le Grand Satan d'un gouvernement algérien fondamentaliste...

Dalila commença à se frotter très doucement, dans son demi-sommeil, contre le membre dont elle sentait la rigidité, ramenant John Melrose au présent. Au même moment, le silence revint : le *Fiqh* venait de terminer sa sourate. Pour accompagner le mouvement de sa maîtresse, John prit ses hanches à pleines mains.

Dalila envoya son bras en arrière et ses doigts saisirent le membre raidi. Puis, elle se retourna avec souplesse et colla sa bouche à l'oreille de John Melrose.

– J'ai envie de ta queue, souffla-t-elle.

Sa voix n'était qu'un murmure, mais John eut l'impression qu'il allait exploser sur-le-champ. Il se glissa sur la jeune femme qui l'attendait, allongée sur le dos, les jambres ouvertes. Son genou acheva d'écarter les longues cuisses charnues. Dalila fit basculer son bassin pour que leurs sexes arrivent en contact et John n'eut qu'à donner un coup de reins pour pénétrer en elle d'une seule poussée, bien que ses muscles secrets soient encore resserrés par le sommeil. Elle gémit de plaisir en se sentant forcée. John s'enfonça aussi loin qu'il le

(1) Groupe islamique armé.

pouvait, se retira et se mit aussitôt à labourer la jeune femme à grands coups de bassin, lui arrachant chaque fois un feulement ravi.

Le frottement du sexe imposant dans son ventre encore endormi procurait à Dalila une sensation incroyablement excitante, l'impression de se faire violer. Elle avait refermé ses bras dans le dos de John Melrose, et, à son habitude, le lacérait de ses ongles affilés.

John ne put se contenir longtemps et, abouté au fond du ventre accueillant, acheva sa chevauchée avec un cri sauvage, primitif. L'orgasme de sa partenaire se déclencha. Elle lui planta carrément ses ongles dans les omoplates. Redescendant sur terre, il rouvrit les yeux, aperçut les premières lueurs de l'aube et presque aussitôt la voix du *Fiqh* envahit la chambre à nouveau. Elle égrenait la sourate d'*Al Sobh*, la première prière du matin.

Sous le soleil éblouissant, les toits plats et ocre de la médina avaient perdu un peu de leur mystère. Mais on devinait, sous les antennes de télévision, un grouillement intense, inquiétant, où flottait encore l'odeur de la poudre des lointaines razzias qui avaient fondé la ville. Des tribus berbères venues de Mauritanie jadis avaient créé un empire s'étendant de Tripoli au Guadalquivir.

Un peu comme les cités jalonnant la Route de la Soie, Marrakech avait toujours été un point de passage obligé pour les caravanes venant du Soudan ou de Mauritanie, un camp militaire, puis une cité impériale berbère. Et aussi un coupe-gorge, hanté par les nuées de voleurs attirés par ses richesses.

Aujourd'hui, les fiers Berbères s'étaient repliés dans leurs *ksaur* (1) de l'Atlas où ils vivaient misérablement, recroquevillés sur leurs souvenirs de gloire.

(1) Villages.

TUERIE À MARRAKECH

De la terrasse surmontant la maison de Dalila, on avait une vue panoramique à 360 °. John Melrose et elle y prenaient un rapide *breakfast*, cernés dans le lointain par les sommets bleutés dentelés de blanc de l'Atlas. La jeune femme vêtue d'un caftan jaune avait encore les traits marqués par le plaisir de leur dernière étreinte.

– Tu n'as plus mal à la tête? demanda gentiment l'Américain.

La veille au soir, elle lui avait paru nerveuse, l'esprit ailleurs, et avait expliqué son état par une migraine tenace.

Dalila Villanova posa sa main sur la sienne, avec un sourire complice.

– Tu m'as guérie... Je me sens merveilleusement bien. Dommage que tu ne puisses pas rester.

– Tu ne crois pas que je le regrette?

John Melrose laissa errer son regard sur les rudes montagnes de l'Atlas, au loin. Marrakech, prise au désert, était une ville somptueuse, avec ses kilomètres de murailles crénelées, cette étonnante couleur mélangeant les roses, les bruns, les ocres du Sud marocain, et d'étranges bleus aux reflets de métal. Barricade rose et rousse aux énormes murs de pisé, ses remparts découpaient la ville en un labyrinthe incroyable où les nouveaux quartiers grignotaient l'infini terrain vague qui encerclait la ville. En dix ans, la ville avait quadruplé de population, mais, la nuit tombée, les rues de la médina étaient toujours aussi désertes.

L'Américain serait bien resté quelques jours de plus dans cette maison éclatante de beauté et de raffinement, enchâssée comme un joyau dans les ruelles étroites et crasseuses de la ville commerçante, la médina. Un ancien *riad* (1) entièrement refait par Dalila, qui avait racheté d'autres maisons voisines uniquement pour récupérer leur plafond ou leurs boiseries. Le résultat était à couper le souffle. Une fois franchie la porte de

_____
(1) Petit palais.

bois sombre cloutée de grosses pointes, on se trouvait dans un autre monde. Un patio carré, au sol de céramiques anciennes, était ceint sur trois étages par des pièces toutes plus raffinées les unes que les autres, desservies par des galeries. Une piscine aux céramiques grecques, au troisième étage, couronnait le tout.

La chambre de Dalila était un bijou, ordonnée autour d'un immense lit placé dans une alcôve aux murs incrustés de glaces fragmentées et lumineuses. Tout le charme de l'âme mauresque... accueillant, sensuel... et secret.

John Melrose était sûr que son rival algérien n'avait jamais profité de ce palais. Sa position de directeur de la branche extérieure de la Sécurité algérienne lui interdisait les escapades au Maroc, qui auraient compromis Dalila.

L'Américain but une dernière gorgée de thé à la menthe et se leva.

– Il faut que j'y aille.

Son avion décollait à 7 h. Direction Casablanca. Trente minutes de vol. D'habitude, il venait en voiture. De Rabat ou de Casa, il y avait trois ou quatre heures de route. Mais cette fois, le parcours était différent. De Casa, il attrapait un vol pour Madrid, où il devait rencontrer un membre important du FIS qu'il « traitait » dans la capitale espagnole. Il revenait ensuite à Casa pour un second rendez-vous, avec un des meilleurs informateurs marocains. Celui-ci devait l'aider à identifier un dangereux islamiste marocain dont John ne connaissait que le nom de guerre : « Brahim ». Ensuite, il n'aurait plus qu'à regagner sa villa de Rabat, où il vivait seul depuis qu'il était en poste au Maroc. Sa femme était restée à Washington, où elle occupait un poste important au *State department*, pendant qu'il courait le monde, occupé à identifier le maximum de membres de la mouvance islamiste afin de nourrir les ordinateurs de Langley.

Il leva les yeux et rencontra le regard absent de

TUERIE À MARRAKECH

Dalila Villanova. Pendant quelques secondes, ses prunelles sombres demeurèrent comme celles d'un oiseau de nuit ébloui par une lumière violente, puis, elle plaqua un sourire sur son visage sensuel aux traits épais.

– Tu es prêt, *Habibi*? (1)

– Oui.

– Omar va te conduire. Quand reviens-tu?

– Tu es encore là le prochain week-end?

– Oui.

– J'essaierai, si je n'ai pas trop de travail...

Ils descendirent l'escalier étroit pour rentrer dans la maison. La valise de John Melrose était ouverte sur le lit, un grand carton blanc posé à côté.

– Cela t'ennuie d'emmener ça à Madrid? demanda Dalila. Ce sont des *ghoribas* (2) pour ma copine Yasmina. Elle en raffole et on n'en trouve pas en Espagne. Ainsi, tu pourras lui faire la cour...

Elle ne risquait rien : Yasmina était une jeune Berbère pesant soixante-dix kilos pour un mètre soixante, avec une moustache naissante. Femme d'un diplomate marocain...

Il mit la boîte dans sa valise et la ferma, avant de se tourner vers Dalila pour l'enlacer. Ses seins lourds tendaient le tissu léger du caftan, leurs grosses pointes bien visibles. Il éprouva une brusque flambée de désir. Hélas, pas question de rater son avion. Il se contenta d'une brève étreinte et d'un baiser passionné qui sentait le thé à la menthe.

Omar, le chauffeur, vint prendre la valise. Dalila accompagna John Melrose au rez-de-chaussée et le regarda s'éloigner dans la ruelle étroite. L'Américain se retourna et lui envoya un baiser, avant que la porte cloutée ne se referme sur elle. Il prit place à l'arrière de la Mercedes 560 de la jeune femme. Omar se dirigea

(1) Chéri.
(2) Gâteaux.

vers Bab el Khemis, au nord de la médina. Les rues étaient encore peu animées et la plupart des boutiques du souk fermées. Les touristes ne déferlaient que vers dix heures...

La Mercedes tourna à gauche dans l'avenue des Nations-Unies, passa devant la gare routière grouillante d'animation, avec ses dizaines de bus à destination de toutes les villes du Maroc, puis tourna sur le boulevard el Yarmouk, longeant l'interminable muraille ocre cernant la médina.

John Melrose pensait encore à sa dernière étreinte avec Dalila, et cherchait à oublier qu'elle devait se donner avec la même fougue à son autre amant; sans parler de ceux qu'il ignorait... Un jour, elle lui avait avoué qu'il était son cinquantième homme. En dépit de ce passé sulfureux, il l'avait dans la peau. Il s'était permis avec elle des choses qu'il n'aurait jamais osé demander à des Américaines engoncées dans leur puritanisme...

La Mercedes tourna à droite, pour longer l'oliveraie de Bab el Jedid. Tout autour de Marrakech, le désert était plat comme la main. Les montagnes ne commençaient qu'à une vingtaine de kilomètres. Le petit bâtiment coquet de l'aérogare surgit quelques kilomètres plus loin, couleur brune et sèche du désert. La Mercedes s'arrêta devant la partie gauche du bâtiment, celle des départs. Un policier efflanqué et moustachu, une énorme sacoche à la ceinture, oublia son arrogance pour saluer la Mercedes. Le possesseur d'une telle voiture ne pouvait être que puissant.

Omar porta la valise de l'Américain jusque dans l'aérogare et prit congé. Le Boeing 737 de Royal Air Maroc était déjà là.

Sa valise enregistrée, John Melrose réalisa qu'il avait encore un peu de temps et se dirigea vers une cabine téléphonique pour appeler Dalila. Le numéro ne répondit pas. Croyant à une erreur de numérotation, il le refit, sans plus de succès. Intrigué, il laissa sonner

TUERIE À MARRAKECH   21

longtemps. Même Dalila absente, en sus d'Omar, il y avait au moins deux domestiques dans le *riad* : Mazzouka, la femme de chambre, et Latifa, la cuisinière. Et leur maîtresse n'avait pas l'habitude de sortir si tôt... Mais parfois, le téléphone était capricieux, au Maroc.

On appelait son vol. Il se dirigea vers la salle d'embarquement, l'estomac quand même un peu noué. Au fond, il aurait pu rester un jour de plus. Il suffisait de donner quelques coups de fil. Il était décidément trop consciencieux, se reprocha-t-il...

**
*

– Marrakech, Air Maroc 440. Vous pouvez débrancher block à 40.

La réponse de la tour de contrôle ne tarda pas :

– Block à 40. Bon voyage.

A son tour, le copilote du 737 demanda dans le micro :

– Marrakech, Air Maroc 440 *request taxi*.

– 440, *taxi* jusqu'à *holding point 28*, répliqua aussitôt la tour.

– *Taxiing* jusqu'à *holding point 28*, répondit le copilote, tandis que le 737 se dirigeait vers l'extrémité de la piste d'envol.

Il faisait un temps radieux, sans un nuage, et la visibilité était maxima. Un vent de 20 nœuds, autant dire rien. Ce serait un voyage sans histoire.

– *Check-list*, lança le contrôleur de la tour.

Pendant une douzaine de minutes, l'équipage s'affaira à la *check-list*. Dans la cabine, l'hôtesse distribuait des journaux. Puis, le commandant de bord appela à nouveau la tour.

– Air Maroc 440, *ready to copy* (1).

La réponse vint aussitôt. Il n'y avait pas d'autre appareil sur le tarmac. Le vol Air France direct en

_____
(1) Prêt à partir.

provenance de Paris n'arriverait que deux heures plus tard, apportant pour l'hôtel *La Mamounia* quelques cartons de beaujolais nouveau! Chaque année, Air France en transportait plus de mille tonnes un peu partout dans le monde. Le record étant détenu par les Japonais qui en consommaient cent tonnes.

— Air Maroc 440 AT, *clearance.*

— *Go ahead,* répondit aussitôt le pilote.

La tour lui fit aussitôt écho.

— Marrakech *destination initially FL 160, direct CSD, via Vesen and direct CSD.*

— *Clear FL 160 direct CSD,* confirma le copilote.

— *Confirm Vesen and CSD,* indiqua la tour.

— Air Maroc 440. *Vesen and CSD. Ready for departure.*

La voix claire du contrôleur atteignit les oreilles de l'équipage.

— *Clear for line-up and take-off.*

— *Take-off,* répondit le commandant de bord en entrant sur le *runway* et en mettant les gaz.

Le 737 s'élança, prit de la vitesse et quitta le sol une minute plus tard dans le rugissement de ses deux réacteurs. John Melrose, assis à la gauche de l'appareil, regarda les toits plats de la médina, dans le lointain.

Les maisons carrées et ocre de Marrakech se confondirent peu à peu avec le désert environnant. John Melrose défit sa ceinture de sécurité et alluma une Lucky pour dénouer son angoisse. Repensant à l'étrange silence de la maison de Dalila, il se jura d'appeler dès son arrivée à Casa.

L'appareil grimpait sec et bientôt la grande ville plate disparut dans la brume de chaleur, avalée par le désert caillouteux...

Il inclina le dossier de son siège et ferma les yeux. Il avait hâte de revenir à Marrakech.

*

– Heading 060, annonça le copilote à l'attention de la tour de contrôle.

C'était leur cap au nord.

– Air Maroc 440, *confirm heading 060*.

Le Boeing 737 continuait à s'élever. Seul dans le ciel.

– On passe 3 000 *feet*, annonça le commandant de bord.

– *Confirm 160*, répondit le contrôleur.

Il indiquait l'altitude de vol prévue : niveau 160, c'est-à-dire 16 000 pieds. Sur une aussi courte distance, le 737 n'avait pas le temps de monter très haut. Il continua à grimper. La tour se manifesta de nouveau quelques minutes plus tard.

– Air Maroc 440 *report passing 120*.

– *Reporting 120*, Air Maroc 440, répliqua aussitôt le copilote.

Ils venaient d'atteindre l'altitude de 12 000 pieds et continuaient leur montée jusqu'à l'altitude de croisière.

**
*

– Air Maroc 440, *report passing 160*, demanda le contrôleur de la tour.

Une fois le vol 440 à son niveau et à son cap, il le passerait au contrôle de Casa. Il attendit quelques secondes et soudain, une voix déformée par l'angoisse éclata dans ses écouteurs. Un hurlement désespéré.

– *MAYDAY! MAYDAY!* (1)

Le contrôleur eut l'impression de recevoir un violent coup de poing dans l'estomac. Il lança aussitôt d'une voix fébrile :

– Air Maroc 440. *Report! Report!* (2)

(1) SOS! SOS!
(2) Répondez! Répondez!

Rien. Le silence.

Il écouta quelques secondes et n'entendit que les parasites de la VHF qui sortaient des écouteurs. Répétant son appel, il baissa les yeux sur son écran radar.

Le vol AT 440 ne se trouvait plus sur l'écran. Il désactiva et réactiva celui-ci, au cas hautement improbable où il serait brutalement tombé en panne. Sans résultat. Le vol Marrakech-Casablanca avait disparu du ciel.

CHAPITRE II

En dépit des lanternes marocaines ajourées suspendues partout, l'ambassade américaine de Rabat ressemblait plus à un bâtiment de chantier préfabriqué qu'à un palais des Mille et Une Nuits : des plafonds pourris, des murs gondolés... une allure de bâtiment administratif du tiers-monde. Stanley Hurd, le chef de la station de la CIA au Maroc, précéda Malko dans un des bureaux de « l'aile politique », au premier étage sur pilotis, où un tapis bon marché essayait de faire illusion. Heureusement, les Marocains ne voyaient de l'ambassade que les imposantes grilles noires dominant l'avenue Tarik Ibn Ziad, une voie circulaire qui entourait les remparts de la vieille ville. Chellah, le site romain abandonné de l'autre côté du boulevard, lui faisait face.

Stanley Hurd installa Malko sur un sofa défoncé et leur versa du thé à la menthe dans deux petits verres aux arabesques encrassées. Malko l'observait avec curiosité. Avec sa silhouette fluette, ses cheveux très courts ramenés en frange sur le front, son regard clair, presque naïf, il évoquait assez bien Forrest Gump, le nouveau héros de l'Amérique profonde, à mi-chemin entre l'idiot du village et le débile léger. Les murs de son bureau, au lieu des habituelles cartes « stratégiques », étaient décorés d'affiches de théâtre. Et pourtant, Stanley Hurd avait la réputation d'être un excellent professionnel, spécialiste du monde arabe...

Malko avait quitté l'Autriche à regret, comme toujours, à la suite d'un télégramme de Langley lui demandant de prendre le premier avion pour Rabat. Le temps de sauter dans un vol Air France Vienne-Paris, puis dans un autre avion d'Air France direct pour Rabat, il n'avait pas vu le temps passer, découvrant avec surprise que désormais Air France équipait sa flotte de consignes de sécurité en braille, facilitant grandement les déplacements des aveugles. Des feuilles de plastique portaient des inscriptions en relief. Deux heures trente de vol, en Airbus, aussi confortable qu'un 737.

Ce qu'il allait trouver au Maroc, un des seuls pays musulmans à l'écart de la tempête fondamentaliste qui secouait le monde arabe, l'intriguait. Le roi Hassan II, descendant du Prophète et Commandeur des croyants, secondé par une police extrêmement efficace, avait depuis longtemps circonscrit le danger, neutralisant les islamistes marocains. Les plus virulents avaient quitté le pays, et les autres, pratiquement comptés tous les matins, se tenaient tranquilles... Leur leader, le vieux Cheikh Yassine, était depuis plusieurs années en résidence surveillée. La construction de la mosquée Hassan II à Casablanca, la plus grande du monde, avait coûté la bagatelle de trois milliards de francs et consacré Hassan II comme le défenseur de la foi, n'ayant de leçons à recevoir d'aucun islamiste... Le contraste entre les deux pays liés par une frontière commune d'un millier de kilomètres était saisissant.

L'Algérie où s'accrochait un gouvernement corrompu et « laïque » sombrait tous les jours un peu plus dans le chaos, sous les coups de boutoir de deux organisations islamistes armées rivales : le FIS et le GIA. Celles-ci possédaient des ramifications dans différents pays d'Europe et utilisaient le Maroc pour faire transiter une partie de leurs armes.

Le Maroc, grâce à l'intelligence politique du roi

TUERIE À MARRAKECH

Hassan II et à sa poigne de fer, ne connaissait aucune opposition armée islamiste. Les islamistes des mouvements algériens avaient assez à faire avec leur révolution pour se mêler des affaires marocaines. Aussi, le Maroc continuait-il d'être paisible, à côté du brasier algérien.

– Pourquoi suis-je ici? demanda gentiment Malko, après une gorgée de thé à la menthe qui lui arracha le palais tant il était brûlant.

L'Américain lissa ses cheveux plats avec un sourire amusé.

– Langley vous a choisi, *vous*. Je suppose qu'il y a une raison.

Malko, chef de mission « extérieur » à la *Central Intelligence Agency* depuis de nombreuses années, s'était révélé un des meilleurs dans son job. Son don pour les langues, sa connaissance du monde, son courage et surtout son sens inné du renseignement, lui avaient permis de résoudre un certain nombre de cas particulièrement difficiles. Bien qu'il ne soit pas américain – et parfois à cause de cela – on lui confiait souvent des missions mal engagées, un peu comme à un chirurgien de la dernière chance... Il n'avait jamais « travaillé » au Maroc, pays qu'il avait visité seulement par plaisir.

– Mettez-moi donc au courant, suggéra-t-il.

L'air de Rabat était au beau fixe, mais il avait hâte de retrouver son château de Liezen et Alexandra. Il n'était jamais prudent de laisser sa fiancée seule trop longtemps au début de la saison de chasse. Les châtelains de Basse-Autriche ne chassaient pas seulement le gibier à plumes...

– La *Company* compte depuis peu un spécialiste de moins du monde arabe, annonça le chef de station de la CIA au Maroc en tendant une photo à Malko. John Melrose, quarante-deux ans, arabophone, notre meilleur spécialiste de l'islam fondamentaliste dans le Maghreb.

Malko regarda la photo. John Melrose souriait, à côté de deux collègues qu'il dépassait d'une tête. Mince, élégant, les cheveux noirs ondulés, un profil volontaire, des dents éclatantes, il avait plus l'allure d'un play-boy que d'un espion...

– Que lui est-il arrivé?

L'Américain prit dans son dossier un journal marocain en français, *L'Opinion*, et le tendit à Malko. La Une était barrée par un titre sur huit colonnes : « Le vol Marrakech-Casa s'écrase au sol pour une raison inconnue. » Suivaient des photos du pilote, un certain Younès Larbi, et des débris de l'avion; puis les commentaires habituels : 44 morts, aucun survivant. Temps clair, visibilité parfaite, excellent équipage. La tour de contrôle de Marrakech avait capté un appel « *Mayday* » vingt minutes après le décollage. Puis plus rien.

– John Melrose était à bord, commenta l'Américain; en route pour Casablanca et Madrid.

Malko regarda la date du journal : l'accident remontait à douze jours. Il en avait vaguement entendu parler en Autriche. Mais un vol intérieur marocain qui s'écrase ne fait guère de vagues dans l'actualité internationale.

– Que s'est-il passé? interrogea-t-il.

Au lieu de lui répondre, l'Américain lui tendit un second journal, plus récent. Un article y annonçait que la commission d'enquête avait conclu à un acte suicidaire du pilote, en proie à un chagrin d'amour. D'après l'examen de la boîte noire, l'appel « *Mayday* » avait été lancé par le copilote. Selon les enquêteurs marocains, le commandant de bord avait mis volontairement son appareil en piqué pour s'écraser au sol cinq mille mètres plus bas, tuant évidemment tous ses passagers.

Malko rendit la coupure de presse, perplexe. Mais tout pouvait arriver. Un appareil de l'Aeroflot s'était bien écrasé quelques mois plus tôt, parce que le commandant de bord avait donné les commandes à son fils, âgé de quatorze ans... 123 morts.

TUERIE À MARRAKECH

– C'est le destin, commenta-t-il.

– Pas tout à fait, corrigea Stanley Hurd. Regardez cette photo. Elle a été prise d'hélico par des gens de chez nous.

Malko regarda. On distinguait un magma de ferrailles d'où se détachait une dérive, celle du Boeing 737 d'Air Maroc. Un réacteur gisait à quelques mètres, parmi différents débris. Immédiatement, l'Américain substitua à la photo un autre document, pris visiblement de beaucoup plus haut. On voyait toujours les restes de l'appareil, mais un cercle rouge, en haut à gauche, entourait un objet que Malko identifia comme une aile. D'autres cercles, plus petits, entouraient d'autres débris. Tous ces cercles étaient inscrits dans un carré tracé au crayon rouge gras. Il leva les yeux.

– Expliquez-moi.

L'Américain posa son index sur l'aile, puis le ramena au Boeing 737.

– Entre l'aile droite de l'appareil et le reste des débris, il y a deux kilomètres environ...

– Et alors?

– La version marocaine est fausse. L'avion n'a pas piqué pour s'écraser. S'il était arrivé entier au sol, tous les débris se trouveraient au même endroit. Or, les morceaux du 737 sont répartis sur une surface de deux kilomètres carrés, comme cette aile, retrouvée à presque deux kilomètres du fuselage. C'est techniquement impossible.

– Et si elle s'était détachée pendant le piqué?

– Les techniciens de Boeing sont formels, c'est impossible. Ils ont examiné les attaches de l'aile. Elles n'étaient pas arrachées, comme elles auraient dû l'être en cas de torsion, mais coupées net.

– Ce qui veut dire?

– Que le Boeing a explosé en vol.

– Pourquoi les Marocains ne veulent-ils pas le reconnaître?

La bouche de Stanley Hurd se tordit légèrement.

– Bonne question. Parce que ce n'est pas un accident « ordinaire ». C'est une charge explosive qui a détruit cet appareil en plein vol. D'après nos experts, vraisemblablement placée dans la soute à bagages, qui se trouve juste derrière les ailes... Les gens de Boeing ont retrouvé, sur des débris de la soute à bagages, des particules microscopiques d'explosif. Du Semtex.

Malko regarda de nouveau la photo. Ce n'était, hélas, pas le premier avion commercial détruit par des terroristes.

– On n'a rien trouvé dans les débris? interrogea Malko. Grâce aux techniques modernes, on peut parfois reconstituer la machine infernale.

– Les autorités marocaines n'ont pas voulu que les techniciens de Boeing examinent plus en détail les restes, expliqua Stanley Hurd. Il s'agit d'un attentat. J'ai mis sur le gril mes homologues de la DGED (1). Des gens capables. Ils sont mal à l'aise. Apparemment, c'est la DST marocaine qui impose le black-out, tant qu'elle n'aura pas une idée exacte des coupables. Et puis, nous sommes dans un pays touristique, une histoire pareille pourrait porter un coup fatal au tourisme. Regardez les Hindous, ils ont tout fait pour qu'on ignore leur épidémie de peste... Cela fait désordre.

Le muezzin d'une mosquée voisine se déclencha. *Al Dohr*, la prière de midi... Hurd regarda sa montre.

– Venez, on va continuer en mangeant. J'ai encore beaucoup de choses à vous apprendre.

Les vagues grisâtres de l'Atlantique se brisaient sur une plage souillée et déserte. De gros nuages noirs obscurcissaient le ciel. Le temps avait brusquement changé. Le *Restaurant de la Plage* était coincé entre la

---

(1) Direction générale d'études et de documentation.

TUERIE À MARRAKECH

mer et un grand cimetière musulman, adossé à la médina. Malko attaqua son loup grillé. Les salades très épicées tenaient lieu de cure anti-amibes. On mangeait toujours bien au Maroc. En face de lui, Stanley Hurd, soucieux, roulait une boulette de pain entre ses doigts. Il leva les yeux sur Malko.

– John Melrose était un merveilleux copain. Quand j'ai appris l'accident, j'ai eu un choc terrible.

Malko se débarrassa d'une arête en train de l'étrangler, avant de poser la question à cent francs :

– Vous n'avez aucune hypothèse?

Son vis-à-vis leva son regard triste comme celui d'un cocker.

– Deux. Celle d'un attentat aveugle, comme pour le DC 10 d'UTA ou le vol Panam 107 tombé à Lockerbie, dirigé contre le Maroc. On ne voit pas qui aurait pu le commettre, ni dans quel but. Cela n'a pas été revendiqué, il n'existe au Maroc aucun contentieux avec un des groupes terroristes susceptibles de perpétuer ce genre d'attentat.

– Quelle est la seconde hypothèse? interrogea Malko.

Stanley Hurd laissa errer quelques instants son regard sur les vagues grises avant de le planter dans celui de Malko.

– Une action délibérée visant à éliminer un des passagers du vol AT 440. Ils étaient quarante-deux, plus deux membres d'équipage. Pour quarante et un d'entre eux, il n'y a rien. Il s'agissait de Marocains, plus quelques touristes espagnols, deux Allemands homosexuels et antiquaires. Les Marocains tués dans l'accident sont des gens sans histoire, sans aucun lien avec la politique ou le terrorisme.

– Vous ne pouvez pas tout savoir sur eux, objecta Malko.

– C'est vrai, reconnut Stanley Hurd, mais je vous jure qu'on a fait tourner les *computers*! Et les Marocains ont collaboré. Les *close-up* des victimes sont transparents.

TUERIE À MARRAKECH

– N'empêche, insista Malko, se faisant l'avocat du Diable. Il faudrait une enquête approfondie sur chacune des victimes.

– Exact, admit Stanley Hurd, mais les chances sont infimes. De plus, il semble que la charge explosive ait été déclenchée par un système altimétrique. Quelque chose qui ne peut pas être bricolé par un petit marchand de souvenirs de la médina, jaloux d'un concurrent. Seuls quelques groupes terroristes dans le monde sont capables de réaliser ce genre d'attentat. Ou alors, un grand Service.

Un ange passa, enveloppé dans une cape noire. On arrivait au cœur du sujet. Malko tira la conclusion logique des propos de l'Américain.

– Donc, on a fait exploser cet avion uniquement pour se débarrasser de John Melrose?

Avant de répondre, Stanley Hurd héla le garçon et lui commanda un scotch Defender, *on the rocks*.

– C'est la conclusion à laquelle je suis arrivé! conclut-il, dès que le garçon fut éloigné.

Malko hocha la tête. Le raisonnement de son vis-à-vis semblait sans faille.

– Pourquoi? demanda-t-il simplement. D'abord, sur quoi travaillait John Melrose lorsqu'il est mort?

– La *Company* l'avait chargé de contacts secrets avec le FIS algérien et d'étudier les liens entre ce dernier et d'autres mouvements islamistes. Il avait des tas d'informateurs en Algérie, en Espagne, au Maroc, et même à Peshawar, au Pakistan. Il en revenait, d'ailleurs. Il était resté plusieurs semaines à Peshawar, utilisant ses anciens contacts.

– Lesquels?

L'Américain eut un sourire amusé.

– Ce n'est pas à vous que je vais apprendre que la *Company* a beaucoup aidé les moudjahidine afghans pendant la guerre contre les troupes soviétiques. Cette aide militaire passait par le Pakistan, et les services pakistanais la répartissaient parmi les différents mouvements de résistance afghans, la plus grande partie allant à celui de Gulgudine Hekmatiar.

– Le fondamentaliste?

L'Américain émit un ricanement plein de tristesse.

– A côté d'Hekmatiar, l'ayatollah Khomeiny était un modéré plutôt dépravé. Ce salaud d'Hekmatiar, armé par nous, avait promis de détruire notre ambassade à Kaboul, dès qu'il prendrait la ville. Il a tenu parole. Et depuis que les Soviétiques ont plié bagages, il a monté des camps d'entraînement en Afghanistan, où passent des Combattants de la Foi de tous les pays, appelés à mener le Djihad, la Guerre Sainte, contre les pays musulmans qui ne sont pas assez islamisés à son goût. C'est-à-dire tous, excepté l'Iran et le Soudan! Bien entendu, les services pakistanais, tout aussi fanatiques, l'aident joyeusement. A Peshawar, c'est un vrai bouillon de culture, un chaudron du Diable. John a découvert que des musulmans fanatiques, recrutés en Europe comme dans le Maghreb, s'y entraînent, au nom de la religion, à l'action violente. Ils repartent ensuite vers leur pays d'origine et y attendent les ordres. Ils forment ainsi une armée invisible et « dormante », prête à être activée sur l'ordre des manipulateurs. Comme l'Arabie Saoudite et l'Iran financent généreusement les séjours et l'entraînement, c'est une vraie bombe à retardement qui est en train de se constituer.

– Ce voyage de John Melrose serait la cause de sa disparition?

L'Américain vida d'une seule rasade le tiers de son Defender et grimaça :

– C'est quand même meilleur que le thé à la menthe... Pour répondre à votre question : Oui, c'est possible. John avait recueilli une information importante, à Peshawar. Un groupe baptisé « Al Khatib al Maout » préparerait quelque chose contre le Maroc.

– Quoi?

– Il n'avait pas pu obtenir de détails. Celui qui l'a

informé a été assassiné depuis. Poignardé dans le Bazar...

Malko se souvenait du Bazar de Peshawar. Un vrai coupe-gorge hanté par des Fous de Dieu de toutes obédiences, grouillant d'agents doubles ou triples à l'espérance de vie très courte. Les règlements de comptes entre factions, sans parler de l'action discrète des grands Services, ne s'y comptaient plus.

– C'est troublant, reconnut-il. Il n'y a rien de plus concret?

– Si, continua Stanley Hurd. L'informateur de John lui avait donné le nom de guerre du chef de cette Phalange de la Mort, et même sa photo. Un certain « Brahim », marocain de la région d'Oujda, qui avait séjourné à Peshawar quelque temps plus tôt, avant de disparaître. John avait sa photo sur lui quand il est mort. Il avait négligé d'en faire des photocopies. Parfois, il était un peu trop personnel.

– Vous pensez que ce Brahim a quelque chose à voir avec l'attentat du Boeing 737 de la RAM?

L'Américain leva les yeux vers Malko, comme s'il cherchait une confirmation.

– Comment aurait-il pu savoir que John était à ses trousses? Celui-ci venait de rentrer au Maroc et n'avait pas encore commencé ses recherches. Nous ignorons même si ce Brahim se trouve au Maroc. A part cette photo, il n'y a aucun élément pour retrouver sa trace.

Malko approuva. Rechercher à travers le monde un fanatique islamiste dont on ne savait même pas le nom, ce n'était plus du travail de renseignement, mais de la voyance.

– Résumons-nous, proposa Malko. Celui qui a commis l'attentat du Boeing de Royal Air Maroc visait John Melrose?

– *Right*, approuva l'Américain.

– John Melrose revenait du Pakistan où il avait identifié un terroriste potentiellement dangereux dont il possédait le nom de guerre, « Brahim », et une photo. Il

n'avait eu aucune autre activité professionnelle au
Maroc, depuis son retour.

Stanley Hurd l'encouragea à continuer d'un signe de
tête approbateur.

— Alors, si ce n'est pas ce Brahim, conclut Malko,
qui cela peut-il être ? Quelle est l'explication ?

— Une vengeance *personnelle,* laissa tomber Stanley
Hurd.

Malko tiqua.

— *Personnelle* ? A propos de quoi ? Une histoire d'argent ?

L'Américain secoua lentement la tête. Il alluma une
Lucky Strike, souffla la fumée et laissa tomber :

— Une affaire de femme.

CHAPITRE III

Malko fronça les sourcils, intrigué. Les jaloux qui faisaient sauter un avion pour se débarrasser d'un rival ne couraient pas les rues. D'autant que cela nécessitait quelques moyens techniques, des complicités et de l'argent...

Stanley Hurd, satisfait de son effet d'annonce, but quelques gorgées de son Defender et se pencha à travers la table. Il baissa le ton :

— John Melrose ne se trouvait pas à Marrakech pour le boulot, expliqua-t-il. Il y était allé pour passer quelques jours avec sa maîtresse.

— Qui est-elle? demanda Malko.

— C'est là que cela se corse, fit Stanley Hurd avec un sourire en coin.

Succinctement, il révéla à Malko qui était Dalila Villanova et ce qu'il savait de sa double liaison. Avoir comme amants un des patrons des services algériens et un agent de la CIA n'était pas banal...

— Sherlock Holmes ne mettrait pas plus de dix secondes pour résoudre cette énigme! ironisa Malko. Vous avez le coupable et le motif. Le général Smaïn aura découvert son infortune et se sera vengé à sa façon. Pourquoi ne pas avoir commencé par là?

Le soleil avait reparu brusquement, chauffant les vitres et donnant à la mer une belle couleur émeraude. Un Jet passa dans le ciel, laissant une traînée blanche.

TUERIE À MARRAKECH

Malko essaya d'imaginer les dernières secondes de John Melrose... La décompression et le « blast » de l'explosion avaient dû le tuer presque instantanément. Il suivit quelques secondes des yeux le point argenté qui s'éloignait vers le nord.

Stanley Hurd le ramena sur terre.

— C'est bien sûr l'hypothèse la plus probable, reconnut-il, mais il y a quelques doutes.

— Lesquels?

— D'abord, la liaison de John Melrose et de Dalila Villanova durait depuis trois ans, et le général Smaïn était parfaitement au courant. J'ajoute que la belle Dalila n'écartait pas les cuisses que pour notre ami John. A Madrid, on l'avait surnommée « Guapa caliente » (1). Si le général Smaïn devait exterminer tous ses amants, ce serait un carnage. Ensuite, au poste où il se trouve, je ne le vois pas se venger en détruisant un avion de ligne marocain, au risque de déclencher un incident grave entre l'Algérie et le Maroc, deux pays qui ne peuvent pas se sentir... S'il avait voulu liquider John Melrose par jalousie, il y avait bien d'autres méthodes. Par exemple, lorsque ce dernier se rendait en Algérie. Il suffisait de faire porter le chapeau au FIS ou au GIA.

— Le général Slimane Smaïn n'avait-il pas de motifs professionnels de se débarrasser de John Melrose?

Stanley Hurd secoua la tête.

— Franchement, je n'en vois pas. D'abord, ce sont des choses qui ne se font pas entre grands Services, et surtout, la *Company* a plutôt de bons rapports avec les Algériens. Ils sont assez pragmatiques pour comprendre nos contacts avec leurs adversaires islamistes. D'autant que nous ne nous mêlons pas de leur bagarre, en restant strictement neutres. Il n'y a eu aucun citoyen américain assassiné en Algérie. Islamistes de tous poils et Sécurité militaire nous fichent une paix royale.

---

(1) La Belle qui a le feu au cul.

Malko médita quelques secondes cette conclusion avant de remarquer :

– Si vous considérez avoir résolu le mystère de l'assassinat de John Melrose, que vais-je faire ici?

– Reprendre sa mission, annonça l'Américain.

– C'est-à-dire?

– Retrouver « Brahim », le mystérieux islamiste photographié à Peshawar. Celui qui, d'après l'informateur pakistanais de John Melrose, a créé ce groupe terroriste « Al Khatib al Maout » afin de commettre des attentats au Maroc. La stabilité de ce pays demeure un de nos objectifs les plus importants au Maghreb.

– C'est « Mission impossible », ironisa Malko. A part ce nom de guerre de « Brahim », vous ne savez rien de lui, sauf qu'il est Marocain; et ce pauvre John Melrose portait sur lui l'unique photo de ce fantôme fanatique. Que voulez-vous que je fasse? C'est à Peshawar qu'il faudrait commencer l'enquête. Et encore!

Avec une lenteur calculée, Stanley Hurd sortit alors son portefeuille, y prit une photo noir et blanc qu'il tendit à Malko.

– Voici Brahim, annonça-t-il. Celui du milieu.

La photo représentait trois hommes. Celui du milieu portait une « taguia » (1) enfoncée bas sur le front et une « dichdacha » blanche trop courte pour lui, qui laissait apercevoir ses chaussettes. Il était grand, très maigre, avec un visage fin, des yeux plissés, l'air intelligent. Les deux hommes souriants qui l'encadraient étaient vraisemblablement des Afghans, reconnaissables à leur « pacol », coiffure plate typique.

– Comment avez-vous eu cette photo? demanda Malko, éberlué.

– Les cadavres des passagers du vol 440 étaient presque tous déchiquetés, mais nous avons pu récupérer certains objets, et même une bouteille de champagne qui a résisté à la chute! Parmi ceux-ci, il y avait la veste

_____
(1) Calotte ronde.

TUERIE À MARRAKECH

de John Melrose. En mauvais état, avec un morceau de bras à l'intérieur, mais sa poche était boutonnée... Dedans, il y avait ses papiers, ses cartes de crédit et cette photo.

Malko, stupéfait, retourna ce document venu d'outre-tombe. Au verso, un seul mot avait été tracé au crayon, en face d'une croix marquant la tête de l'islamiste : BRAHIM.

Malko tendit la photo au chef de station de la CIA. Celui-ci sourit.

— Gardez-la. *Maintenant*, il y a des photocopies.

Malko l'empocha. Mal à l'aise. Les certitudes de Stanley Hurd ne lui semblaient pas coulées dans du béton.

— On n'aurait pas supprimé John Melrose à cause de cette photo ? suggéra-t-il.

— Impossible, trancha le chef de station de la CIA, personne ne savait qu'il l'avait sur lui.

— Vous ne pensez pas qu'il faudrait quand même enquêter à Marrakech ? proposa Malko. Ne serait-ce que pour essayer de comprendre comment la bombe a été placée dans le Boeing 737 de la RAM ?

Stanley Hurd lui adressa un sourire ironique.

— Je connais votre goût pour les jolies femmes, mais il y a plus urgent. A son retour de Madrid, John Melrose devait voir un de ses informateurs marocains. Un type qui sait beaucoup de choses, un certain Jawad « Hadj » Benjelloun. Un journaliste « freelance » aux nombreux contacts. D'après ce que je sais, un bonhomme assez répugnant, derrière une façade de bon musulman. Je suggère que vous le voyiez le plus vite possible.

— Comme vous voudrez; comment le joint-on ?

— Ce n'est pas très compliqué. On dépose dans une enveloppe à son nom un livre sur l'islam, en anglais, avec la carte de notre conseiller culturel, aux bureaux du journal *L'Opinion*, 11, avenue Allal Ben Abdallah, dans le centre de Rabat. On prend chaque fois un livre

différent, complètement innocent. Jawad Benjelloun, à
son tour, dépose une carte à l'ambassade, avec un
rendez-vous. Généralement, en dehors de Rabat, par
discrétion. Il habite près de l'avenue Hassan II, en face
de la médina, mais, bien sûr, on ne le « traite » jamais
là. Il ramène pas mal d'informations car il a de gros
besoins d'argent.

– Il se drogue ?

– Non. Il aime la chair fraîche. Et quand vous
l'aurez vu, vous comprendrez pourquoi ça lui coûte si
cher.

**
*

De la terrasse de sa chambre au *Hyatt Regency*,
Malko contemplait les petits cubes blancs des maisons
offertes par le roi Hassan II à ses officiers les plus
méritants, afin de les attacher un peu mieux à la défense
de ses privilèges. Déjà victime de deux attentats, le
souverain chérifien balisait...

Depuis deux jours, Malko attendait le contact avec
Jawad « Hadj » Benjelloun, l'informateur de feu John
Melrose.

Le *Hyatt*, construit à l'extérieur de l'enceinte de la
vieille ville, n'offrait guère de distractions, à part ses
jardins et sa piscine. Le téléphone sonna. C'était Stanley Hurd.

– Passez au bureau, demanda-t-il.

Malko prit sa voiture et fila le long des remparts,
longeant le Palais royal. Des motards en uniforme gris,
postés à chaque carrefour, guettaient la moindre infrac-
tion. A mille petits riens, on sentait le pays quadrillé.
Pas de putes dans les grands hôtels, pas de « barbus »,
peu de femmes voilées. Malko retrouva Stanley Hurd
au *check-point* de l'ambassade.

– Jawad a laissé un mot tout à l'heure, annonça-t-il.
Il vous attend à la mosquée Hassan II, à Casa, demain,
à une heure, après la prière d'*Al Dohr*.

On avait beau se trouver dans un pays ami, il valait mieux traiter ses petites affaires discrètement. Les homologues marocains avaient une fâcheuse tendance à arracher les ongles avant tout dialogue sérieux.

– Il ressemble à quoi?

Stanley Hurd tendit à Malko une photo prise au téléobjectif. Un bonhomme rondouillard au crâne dégarni, avec des lunettes dont le verre gauche était dépoli. L'air négligé, la tête ronde comme une bille, la cinquantaine.

– Traitez-le avec égards, conseilla l'Américain, il a du diabète et de l'hypertension. D'ailleurs, il a perdu l'usage d'un œil. Il n'est pas ragoûtant, mais c'est un authentique fouille-merde.

– Pour sa rétribution?

– S'il nous mène à Brahim, on peut aller jusqu'à cinq mille dollars. D'habitude, il touche trois cents dollars par mois, pour les petits tuyaux. Alors, bonne chance.

– Je ne suis pas armé, fit remarquer Malko.

Stanley Hurd émit un ricanement étouffé.

– Jawad ne ferait pas de mal à une mouche... Plus tard, on verra si c'est nécessaire.

Malko n'avait pas pu emporter son pistolet extraplat. Les contrôles dans les avions ne permettaient plus ce genre de plaisanterie. A plus forte raison dans un pays comme le Maroc où on faisait passer les voyageurs au contrôle magnétique *à l'arrivée*. Mais la perspective de se lancer, sans arme, dans une enquête sur des fanatiques assoiffés de sang n'était pas réjouissante...

Jawad Benjelloun se consolait de ses disgrâces physiques en se disant que les étudiantes qui venaient lui rendre visite n'attendaient pas un Apollon, mais un bon paquet de dirhams... Elles étaient des centaines, pauvres à pleurer, qui, pour continuer leurs études, n'avaient

d'autres ressources que de se prostituer. A la sortie de
la fac, elles draguaient dans tout le quartier d'Agbal,
s'attardant aux arrêts de bus, passant et repassant
devant *Al Bustane* ou *Croquanti*, les grands cafés occu-
pés uniquement par des hommes, jusqu'à ce que l'un
d'eux se lève et les suive. Elles allaient même jusqu'à
frapper aux volets des étrangers célibataires, dans l'espoir d'une entrevue fructueuse.

Jawad faisait une consommation effrénée de ces
fruits verts déjà bien mûrs. Dès qu'il avait une minute,
il allait s'installer à la terrasse d'un café d'Agbal, et il
guettait.

Les trois cents dollars mensuels de la CIA l'aidaient
bien à satisfaire ses fantasmes, mais les étudiantes
devenaient de plus en plus gourmandes. En plus, c'était
la rentrée et elles avaient besoin d'acheter leurs livres.
C'était en grande partie pour satisfaire ses petits vices
qu'il en était venu à travailler pour trois Services, tout
en sachant qu'un jour cela se terminerait mal.

Il s'assit, pris d'un brusque vertige : la pilule rose
faisait trop bien son effet. Avant chaque rendez-vous
galant, il prenait une pilule de Trinitrine, qui accélérait
son rythme cardiaque et augmentait sa pression arté-
rielle. Un jour, son vieux cœur malade exploserait.

Il regarda sa montre. Il avait deux heures devant lui.
Sa femme, partie à huit heures, ne reviendrait pas avant
la nuit. Elle était secrétaire à Salé, à une heure de bus.
En recevant ses « visiteuses » chez lui, il économisait
cinquante dirhams d'hôtel et bénéficiait d'une certaine
discrétion, certes limitée car les désœuvrés qui traînaient
toute la journée au café *Saft*, presque en bas de chez
lui, se doutaient bien que les étudiantes qui lui rendaient visite ne venaient pas étudier le Coran.

Un coup frappé à la porte envoya une sacrée
décharge d'adrénaline dans ses artères fatiguées. Il se
hâta à travers la pièce.

La créature qui se tenait dans l'embrasure, les yeux
baissés, aurait poussé Mahomet à la damnation. Sa

TUERIE À MARRAKECH

toute petite taille – elle ne mesurait pas plus d'un mètre cinquante – faisait ressortir l'importance de sa poitrine moulée par un pull bleu. Ses longs cheveux noirs tressés en nattes lui faisaient paraître moins que ses dix-sept ans. Sa jupe plissée s'arrêtait largement au-dessus de ses genoux, découvrant des cuisses bien en chair. Elle gagnait quelques centimètres grâce à des bottines plus très fraîches à hauts talons.

– Entre, *s'tittouva* (1), proposa Jawad avec un sourire ignoble.

Elle se glissa à l'intérieur. Jawad l'avait draguée à la terrasse du café *Al Bustane*. Elle avait soutenu son regard avec effronterie et il s'était aussitôt levé pour la suivre. Dans la conversation, il n'avait même pas cherché à dissimuler sa lubricité. D'un coup d'œil averti, il l'avait jaugée, et lui avait demandé son prénom : Mina.

Grâce à sa pilule rose, il se sentait en pleine forme. Comme elle demeurait immobile au seuil de la pièce, il proposa :

– Veux-tu prier un peu avec moi?

Elle lui jeta un regard surpris.

– Je n'ai pas beaucoup de temps et puis, moi, je ne prie jamais...

Il s'approcha, bavant de concupiscence.

– Pourtant, tu devrais remercier Allah de t'avoir donné une aussi belle poitrine.

Joignant le geste à la parole, il empoigna les seins de l'étudiante. Celle-ci leva les yeux sur lui avec un sourire entendu. On en venait aux choses sérieuses.

– Tu ne veux pas qu'on aille sur le lit?

Jawad avait posé les deux mains sur les gros seins et les malaxait comme de la pâte à modeler, faisant rouler les pointes sous ses doigts, le souffle court.

– Non, non, fit-il, pas sur le lit. Viens sur le tapis.

Le lit, c'était pour son épouse légitime... Docilement,

(1) La petite.

Mina s'agenouilla sur le *Ghom*. Aussitôt, Jawad se laissa tomber derrière elle. Fiévreusement, il glissa les mains sous la jupe plissée, trouva la culotte et l'arracha en la faisant descendre le long des cuisses de la jeune étudiante. Celle-ci sursauta quand un index noueux s'enfonça brutalement au fond de son ventre.

– Tu me fais mal, protesta-t-elle.

Jawad n'en avait cure. De la main gauche, il fouillait l'entrejambe de Mina, de la droite, il lui pétrissait les seins. Entre ces attouchements et la pilule rose, il se sentait tout à fait d'attaque. Le sang coulait à flots dans ses artères et son cœur cognait contre ses côtes. Il abandonna les seins pour défaire son pantalon, faisant sauter deux boutons. Il baissa un caleçon grisâtre et se masturba rapidement d'un mouvement tournant, plus par goût que par besoin. Mina attendait, la tête dans ses mains, la croupe haute; résignée. Jawad se rua en elle comme un mort de faim, l'embrochant si fort qu'elle tomba à plat ventre sur le *Ghom*. Il soufflait comme un phoque et parvint à glisser une main sous elle pour reprendre un sein à pleine main. Autant en avoir pour son argent...

Il s'activait sur elle fébrilement, avec tant de violence qu'elle glissait peu à peu hors du tapis. La bouche ouverte, un voile devant son œil unique, Jawad entama son galop final en grognant comme un verrat. Il explosa avec un coup de reins si fort qu'il crut avoir transpercé sa partenaire. Puis, il se redressa, contemplant les fesses rondes et blanches.

– Tu es une sacrée petite salope! s'extasia-t-il. Il faudra qu'on se revoie.

Mina était déjà debout et ramassait sa culotte. Jawad se rajusta tant bien que mal. L'étudiante le regardait par-dessous en tirant sur son pull. Comme il ne disait rien, elle annonça :

– J'ai besoin de 500 dirhams pour acheter mes livres. Ça a encore augmenté.

C'était une somme importante, le tiers du salaire

mensuel de sa femme, mais il ne discuta pas. Il l'amortirait en plusieurs fois. Le regard effronté de Mina le défia. Il se dit qu'elle avait sa culotte dans les yeux et qu'il était rare de tomber sur une fille aussi délurée. La prochaine fois, il lui demanderait de le sucer.

– Je viendrai te voir à la sortie de la fac, promit-il.
– Si tu veux.

Elle était déjà dehors. Elle traversa en biais l'avenue Hassan II et s'enfonça dans la médina, pressée de se payer enfin les cassettes vidéo dont elle avait envie, et qu'on vendait sous le manteau à cause de leur contenu brûlant. De quoi passer quelques soirées agréables avec son amant, étudiant comme elle, qui croyait qu'elle donnait des leçons particulières.

*
**

Du haut de Casablanca, l'énorme minaret de la mosquée Hassan II semblait écraser toute la ville. Malko, pourtant, se perdit plusieurs fois avant de parvenir à l'avenue Moulay Ben Youssef qui débouchait juste devant le parvis de la plus grande mosquée du monde, construite en partie sur pilotis au-dessus de la mer.

Il avait mis une heure à peine pour venir de Rabat, empruntant pour 10 dirhams l'autoroute où des gendarmes en gris contrôlaient la vitesse, limitée à 120. Des nuées d'auto-stoppeurs agitaient la main : les transports en commun étaient très chers et rares.

Arrivé au bout de l'avenue, il se gara et continua à pied, traversant la vaste esplanade menant au parvis. La salle de prières était une immense nef de vingt mètres de haut, parallèle à la mer. On y accédait par de monumentales portes de bronze. Comme c'était l'heure de la prière, elles étaient ouvertes et Malko put examiner l'intérieur de la nef plongée dans la pénombre.

Il y avait peu de fidèles, et seulement quelques touristes à l'extérieur. Le petit peuple de Casa préférait prier dans des mosquées plus discrètes. Ne voyant pas Jawad Benjelloun, Malko gagna l'entrée de la salle des ablutions, un peu en contrebas. Personne non plus.

Il revint aux portes de bronze, se demandant s'il reconnaîtrait l'informateur. C'était la fin de la prière de midi. Prudents, les croyants emmenaient leurs chaussures après s'être déchaussés à l'entrée sur un superbe tapis rouge, sous le regard vigilant de deux « bedeaux » chargés de la surveillance. Non-musulman, Malko ne pouvait pénétrer dans la mosquée. Il resta donc à l'entrée, guettant ceux qui sortaient... Des éclats de voix lui firent tourner la tête. Près du poste de garde installé sur le parvis, entre des policiers en civil et en uniforme, une vieille Américaine glapissait, serrant contre son cœur un appareil photo qu'on essayait de lui arracher.

— Laissez-moi, vous, animal! hurla-t-elle. Appelez l'ambassadeur des Etats-Unis. *I am an american citizen.*

Un guide s'interposa, essaya de la calmer. Malko s'approcha et comprit qu'elle avait photographié une mendiante sans autorisation... Celle-ci exigeait le cliché. Seulement, sur le film, il y avait tout le voyage en Espagne de la touriste...

Blasé, Malko se remit à scruter la pénombre de la salle de prières. Une silhouette surgit. Il l'identifia d'abord à son verre de lunette opaque... Le reste correspondait : le cheveu gras et rare, le visage blême et mou, la bedaine, les vêtements sans forme. L'homme remit ses chaussures et sortit, passant devant Malko. C'était bien Jawad Benjelloun, l'informateur de la CIA. Malko le suivit. Benjelloun gagna les marches menant à la salle des ablutions et s'assit à l'ombre.

— Jawad Benjelloun?

Le Marocain se retourna comme si un serpent l'avait piqué. De très près, il était encore plus répugnant, avec sa barbe naissante et sa bouche édentée. Une ceinture mince comme une ficelle retenait un pantalon grisâtre qui comprimait sa panse rebondie. Il dévisagea Malko de son œil unique, puis, sans un mot, se leva et s'éloigna vers la partie du parvis dominant la mer. Malko le rattrapa et dit à voix basse :

— Je remplace John.

Son accent étranger dut rassurer l'informateur qui consentit à le regarder. Les policiers discutaient toujours avec l'Américaine.

— Qui êtes-vous ? demanda Jawad Benjelloun

— Mon nom est Malko Linge. J'appartiens à la même organisation que John.

— Vous êtes en voiture ?

— Oui.

Jawad Benjelloun regarda, inquiet, autour de lui. Le parvis était plein de jeunes désœuvrés, de couples, de femmes. Quelques « barbus » s'y remarquaient facilement.

— Je vous suis, fit-il.

Malko regagna sa Mercedes, garée en face d'un atelier de tôlerie en bas de l'avenue Ben Youssef. D'innombrables petits Arabes installés à même le trottoir tapaient comme des sourds sur des bouts de ferraille. Jawad se glissa dans le véhicule et lança avec nervosité :

— Ne restons pas ici.

Malko fit demi-tour, remontant vers le centre-ville. Rassuré, le Marocain demanda :

— Où est John ?

— Il est mort.

— Mort ?

Malko crut que l'informateur de la CIA allait sauter de la voiture en marche et se hâta de le rassurer.

— Il a été tué dans l'accident d'avion entre Marrakech et Casa, il y a deux semaines.

Jawad Benjelloun eut une mimique apitoyée.

— C'est terrible. J'aimais beaucoup M. John, larmoya-t-il. Il faut espérer qu'il est près de Dieu...

— Le business continue, affirma Malko, aux mêmes conditions...

D'un geste naturel, il glissa dans la main de son voisin trois billets de cent dollars. Le chagrin de Jawad Benjelloun s'atténua aussitôt.

— On dit que M. Basri et M. Khadiri sont au plus mal, annonça-t-il. Le roi serait obligé de prendre parti.

Basri était un policier à poigne, ministre de l'Intérieur et de l'Information, et Khadiri, le patron de la DGED, les homologues de la CIA. Malko s'en moquait comme de son premier bal.

— Je transmettrai, promit-il. Maintenant, j'ai une question importante à vous poser. Avez-vous entendu parler d'un groupe terroriste qui se fait appeler « Al Khatib al Maout »?

— « Al Khatib al Maout »? répéta Benjelloun. Non, je ne connais pas. Qu'est-ce que c'est?

— Des fondamentalistes marocains qui prépareraient des attentats ici.

Le Marocain tourna son œil unique vers Malko, tandis qu'il essuyait ses lunettes.

— Il n'y a pas de groupe fondamentaliste prônant la violence au Maroc. Même le Mouvement de la Jeunesse islamiste marocaine a toujours refusé l'action violente, et d'ailleurs il n'existe plus. De toute façon, la Sûreté nationale surveille tous les islamistes.

— Donc, vous ne voyez pas de quoi il peut s'agir?

Ils s'étaient arrêtés le long du port, boulevard Moulay Abderramahne, près de l'entrée du port nº 4. Jawad Benjelloun semblait sincèrement perplexe.

— On vous a donné une mauvaise information, avança-t-il.

— Vous n'avez jamais entendu parler non plus de Marocains ayant été s'entraîner chez les fondamentalistes au Pakistan ou en Afghanistan?

— Jamais.

— Ni de dépôts d'armes au Maroc?

TUERIE À MARRAKECH

Jawad Benjelloun remit ses lunettes.

– Il y en a peut-être, admit-il, mais c'est pour le FIS. Les armes partent pour l'Algérie en contrebande.

L'informateur numéro un de la CIA paraissait bien peu informé. Sentant qu'il lui fallait mériter ses trois cents dollars, il se hâta de corriger le tir.

– Je vais me renseigner, promit-il. Je connais beaucoup de gens, mais il me faudrait des précisions.

C'était le moment que Malko attendait.

– J'en ai une, dit-il. Avez-vous jamais entendu parler d'un certain Brahim? Un activiste islamiste.

Jawad gratouilla son double menton.

– Brahim, c'est un nom très répandu, remarqua-t-il. Qu'est-ce qu'il fait? Où habite-t-il?

Malko sortit de sa poche la photo rescapée du crash du vol 440 et la mit sous le nez de Jawad Benjelloun.

– Cette photo nous a été donnée par John Melrose, avant son dernier voyage. L'homme au centre est Brahim. Est-ce que vous le connaissez?

Le Marocain prit la photo et l'approcha de son œil valide. Malko remarqua aussitôt que la main qui tenait la photo s'était mise à trembler... Jawad Benjelloun resta paralysé, tassé sur son siège, silencieux à tel point que Malko se demanda s'il n'avait pas un malaise. Puis il éloigna la photo de son visage, comme si elle allait le mordre.

– C'est cet homme que vous appelez « Brahim »? coassa-t-il.

– Oui. Vous le connaissez?

– Non. Non, non.

Les mots se bousculaient dans sa bouche. Sa main droite s'était posée sur la poignée de la portière. Malko insista, troublé par sa réaction.

– Cet homme est un dangereux agitateur fondamentaliste. Il se trouvait à Peshawar pour recruter des hommes en vue de commettre des attentats. Il est Marocain.

– Je ne le connais pas, répéta Jawad Benjelloun

d'une voix plus ferme. Je ne l'ai jamais vu. Pourriez-vous m'amener à la gare, maintenant? J'ai un train pour Rabat.

– Je peux vous ramener, proposa Malko.

– Non, non, il ne faut pas qu'on me voie avec vous... Je vais vous indiquer le chemin.

Il guida Malko à travers Casablanca sans dissimuler sa nervosité. La circulation, entre les « petits taxis » et les bus, était infernale. Malko fut surpris en arrivant devant la gare. D'abord, on aurait dit une mosquée, avec son minaret. Ensuite, elle était propre et coquette.

Il se gara en face, sur le parking, puis se tourna vers Jawad.

– Il faut que je retrouve ce Brahim, insista-t-il. Il y a une prime de cinq mille dollars pour vous si vous y parvenez. Il doit être connu dans les milieux islamistes. Si vous êtes obligé de vous déplacer, nous paierons les frais.

– Je vais voir, promit d'une voix absente l'informateur de la CIA. Merci de m'avoir ramené ici.

Il avait déjà un pied dehors. Malko lui tendit la photo.

– Gardez-la. J'ai d'autres tirages.

Le Marocain l'enfouit aussitôt dans sa poche et sauta de la voiture, filant sans se retourner vers l'entrée de la gare, sous le regard indifférent de deux policiers en uniforme. Malko repartit, perplexe.

Il était certain que Jawad Benjelloun mentait, au sujet du mystérieux « Brahim ». Il le connaissait. Pourquoi soutenait-il donc le contraire, malgré la perspective d'une prime de cinq mille dollars, somme énorme pour lui?

CHAPITRE IV

Jawad Benjelloun s'installa dans un compartiment de seconde vide du train de 15 h 34 pour Rabat. Dès que le convoi eut quitté la gare de Casa, il sortit de sa poche la photo confiée par Malko et la déchira en tout petits morceaux. Il se leva ensuite, alla aux toilettes et les jeta dans la cuvette, tirant ensuite la chasse d'eau. Un peu rassuré, il regagna sa place et alluma une cigarette. Ce n'était pas la mort de John Melrose qui l'angoissait à ce point, mais la photo...

Tandis que le train roulait à une sage allure dans la morne plaine côtière reliant Casablanca à Rabat, l'informateur de la CIA repensa à ce qu'il venait d'apprendre. Quelque chose ne collait pas, mais il ne voyait pas quoi. Ou plutôt, il ne le voyait que trop... Il aurait voulu de toutes ses forces oublier ce qu'il savait désormais mais, hélas, c'était impossible.

Pour la première fois depuis qu'il exerçait son métier parallèle, il était en possession d'une information qui pouvait lui coûter la vie... Il décida de l'enfouir au plus profond de son cœur; quoi qu'il arrive. Et, accessoirement, de rester éloigné des Américains, un certain temps...

Une heure et demie plus tard, il glissa d'une main tremblante une carte téléphonique dans l'un des taxiphones de la petite gare de Rabat. Une voix assurée et sèche répondit aussitôt :

52 **TUERIE À MARRAKECH**

— Sûreté nationale, deuxième section. Qui demandez-vous?

— C'est « Hadj », annonça Jawad, j'ai quelque chose d'intéressant pour toi, Halim. Je serai à l'endroit habituel dans dix minutes.

Il descendit à pied l'avenue Mohammed V et s'installa à la terrasse d'un café en face de la poste, au coin de la rue Soekarno. Il commanda un Coca. On ne servait pas d'alcool aux musulmans, mais il aurait bien eu besoin d'un cognac. Pour se remonter le moral, il repensa à son intermède matinal avec la petite Mina. La pilule rose n'agissait plus, et il avait l'impression d'avoir cent ans...

Cinq minutes plus tard, un grand jeune homme à la moustache avantageuse, élégant dans un costume croisé un peu trop large d'épaules, se laissa tomber dans le fauteuil en face de lui. L'inspecteur Halim Jilali, à qui Jawad confiait, contre une rétribution modeste, ses petits secrets, alluma avec une désinvolture appuyée une Lucky Strike sortie d'un paquet tout neuf, sans en offrir à Jawad.

— Alors? demanda-t-il en étendant ses pieds sous la table après avoir soufflé la fumée.

— J'ai appris quelque chose d'important, annonça à voix basse Jawad

— Un ragot?

— Non, *Wallah* (1), une source sûre...

— Tu connais donc des gens importants? demanda le policier avec une ironie légère comme du plomb.

Vexé, Jawad ne releva pas... L'inspecteur Jilali montra ses dents éclatantes dans un sourire éblouissant. Il avait été trop loin mais il continua d'une voix menaçante :

— Allez, accouche. Je n'ai pas beaucoup de temps. J'étais en plein interrogatoire quand tu m'as appelé...

Il avait abandonné dans une cave de la Sûreté

(1) Je le jure sur Dieu.

nationale un suspect pendu par les pieds, la tête en bas et les yeux bandés, à une barre d'acier fixée entre deux murs, et il avait hâte de retourner s'occuper de lui.

A voix basse, Jawad Benjelloun lui révéla son information. Le policier, visiblement incrédule, lui posa toutes sortes de questions sans parvenir à l'ébranler. Maigre, et teigneux comme la plupart des policiers de la Sûreté nationale, il n'avait que très vaguement entendu parler des Droits de l'homme. Il finit par prendre à regret dans sa poche deux billets de cent dirhams et les posa sur la table.

– Il *faut* que tu en saches plus, dit-il d'une voix coupante, sinon je penserais que tu m'as raconté des histoires et je n'aime pas ça...

Humblement, Jawad Benjelloun promit de faire de son mieux. Il avait mis le doigt dans un engrenage infernal. Un proverbe arabe dit : « La parole que tu n'as pas prononcée est ton esclave, celle que tu as prononcée devient ton maître. »

Le policier se leva, éteignit sa Lucky Strike à peine entamée dans un cendrier afin de bien étaler sa munificence, puis s'éloigna à grandes enjambées. Jawad Benjelloun le suivit des yeux, partagé entre la haine et la terreur. C'était déprimant de donner des informations à ce flic arrogant qui le considérait comme un cloporte, et à un tarif de femme de ménage. Hélas, pour exercer son métier officiel – journaliste – il ne pouvait pas refuser de travailler un peu pour la Sûreté nationale qui, du coup, soupçonnait moins ses autres passe-temps. Il ramassa les deux cents dirhams – une misère – et repartit chez lui à pied.

– Il ment. J'en mettrais ma main au feu. Il connaît ce Brahim. Il en était malade...

Stanley Hurd contemplait Malko en tirant à petits coups sur sa Lucky Strike.

54 TUERIE À MARRAKECH

– Pourquoi prétend-il le contraire?
– Il crève de peur, laissa tomber Malko.
– Les islamistes ne pardonnent pas aux traîtres, remarqua pensivement le chef de station de la CIA. Regardez ce qui se passe en Algérie... Il faut revenir à l'assaut. Peut-être veut-il simplement faire monter les enchères. On n'aurait pas dû lui proposer cinq mille dollars.
– Ce n'est pas une question d'argent, répliqua Malko. Il était terrorisé. Il faut lui fixer un autre rendez-vous.

L'Américain demeura silencieux quelques instants avant de dire :
– Je mets ça en route par la méthode habituelle. On va lui envoyer un livre à couverture rouge. Ça signifie qu'il y a urgence. Sa réaction me ferait croire que Brahim est mêlé à l'explosion du vol 440...
– John Melrose, objecta Malko, comptait sur Jawad Benjelloun pour le retrouver... Maintenant que j'ai vu celui-ci, il y a peut-être une explication : John Melrose aurait été tué parce qu'on voulait l'empêcher de rencontrer Benjelloun. Cela suppose que John Melrose ait été imprudent, ensuite que l'organisation du mystérieux Brahim soit implantée à Marrakech et ait eu vent de l'affaire. Et enfin, qu'elle ait été apte à mettre une bombe dans l'avion. Ou alors...

Il laissa sa phrase en suspens. Stanley Hurd l'interpella aussitôt.
– Ou alors quoi?
– Que la belle Dalila Villanova ait partie liée avec Brahim et que John Melrose se soit confié à elle.

L'Américain haussa les épaules, visiblement agacé.
– *Bullshit*! Ça ne tient pas debout. Cette femme est à des années-lumière des islamistes. Je sais que vous mourez d'envie d'aller la voir, mais ne bâtissez pas un conte de fées là-dessus.
– Peut-être suis-je à côté de la plaque, admit Malko, ébranlé par la virulence de Stanley Hurd, mais c'est

TUERIE À MARRAKECH

quand même une sacrée coïncidence qu'elle soit justement la maîtresse d'un général des services algériens... Je ne vois pas pourquoi elle aurait envoyé John Melrose à la mort, mais quelqu'un a bien mis une bombe dans cet avion. Même si Dalila Villanova n'y est pour rien, en la questionnant, on pourrait reconstituer les derniers moments de John Melrose là-bas. Et découvrir un indice.

– Peut-être, admit de mauvaise grâce Stanley Hurd. Mais, pour l'instant, concentrez-vous sur Jawad.

**
*

Jawad Benjelloun regardait d'un œil distrait l'insipide première chaîne marocaine. Juste après son retour, on lui avait téléphoné de *L'Opinion* : un coursier venait de déposer un paquet pour lui, de la part du conseiller culturel de l'ambassade des Etats-Unis.

L'informateur n'était pas surpris. Les Américains allaient mettre la pression. Il n'avait pas l'intention de les aider, mais s'ils parvenaient à identifier « Brahim » sans son aide, il risquait de porter le chapeau auprès de ce dernier. Un chapeau au-dessus d'une gorge tranchée. D'un autre côté, s'il avertissait l'intéressé, ce dernier pouvait le considérer comme un fusible peu fiable et n'hésiterait pas une seconde à l'éliminer...

Sans appétit, il picorait le tajine de mouton au chou-fleur préparé par sa femme. Il repoussa son assiette et prit ses médicaments du soir. Sa décision était arrêtée. Il allait faire le mort jusqu'à nouvel ordre.

**
*

Malko traversait sagement le Méchouar, la grande avenue longeant le Palais royal, sans dépasser les 40 km/h réglementaires. Tous les dix mètres, des policiers sourcilleux veillaient à ce que les véhicules empruntant ce raccourci se déplacent à une vitesse d'escargot. Sur sa droite, les bâtiments aux toits de tuiles vertes abritaient outre le Palais royal, la Présidence du conseil et quelques ministères. Il déboucha avenue Moulay Hassan, et fut aussitôt englué dans la circulation démentielle du centre.

Trois jours de patience pour rien. Il n'en pouvait plus et Stanley Hurd s'obstinait, certain que Jawad Benjelloun allait finir par se manifester. Ils avaient décidé de faire le point le soir-même en dînant dans la villa de l'Américain, avenue de Marrakech. En attendant, Malko avait obtenu deux choses. D'abord, l'adresse de Benjelloun afin d'aller traîner près de chez lui pour tenter de l'intercepter. Ensuite, son numéro de téléphone pour le relancer. S'il affolait le Marocain, celui-ci sortirait peut-être de son trou.

Après l'avenue Moulay Hassan, il descendit par un labyrinthe de petites rues jusqu'à la place Bab el Had et s'engagea, à gauche, dans le boulevard Hassan II qui longeait la médina. Il dut aller loin avant de pouvoir revenir sur ses pas, par la contre-allée, et se garer juste avant la rue Al Abdari. Jawad Benjelloun habitait au numéro 8.

Au coin se trouvait un petit café. Malko s'installa à la terrasse. Le vacarme de la circulation sur le grand boulevard était insupportable et quant à l'air, pollué par les milliers d'échappements, c'était du gaz carbonique pratiquement pur...

La nuit tombait. Un bus s'arrêta vingt mètres plus loin et Jawad Benjelloun en descendit. Il passa sur le trottoir opposé mais son œil unique devait encore bien fonctionner car, au moment où Malko se levait pour l'aborder, il hâta brusquement le pas, se mettant presque à courir. Il s'engouffra dans le porche de son immeuble avant que Malko ait pu le rattraper. Furieux, ce dernier retourna au café et prit le téléphone posé sur le comptoir. Le numéro de l'informateur de la CIA mit

longtemps à répondre. Enfin une voix de femme fit
« Allô ».
— M. Benjelloun? demanda Malko.
— Il est malade, à l'hôpital, répondit la femme en
mauvais français.
— Quand va-t-il revenir? insista Malko.
— Je ne sais pas.
Elle avait déjà raccroché. Dépité, Malko regagna sa
voiture et prit le chemin de l'ambassade américaine.

— Ce vieux salaud se planque, grommela Stanley
Hurd. Mais j'ai une idée pour le débusquer, je vous en
ferai part ce soir. En plus, tenez-vous bien, il nous
double.
— Comment cela?
— J'ai reçu aujourd'hui la visite d'un de mes homologues de la DGED. Il m'a confié sous le sceau du secret
avoir appris qu'une série d'attentats allaient être commis au Maroc par des intégristes probablement marocains formés au Pakistan. Il m'a demandé mon aide.
— Jawad Benjelloun est allé tout leur raconter?
avança Malko.
— Evidemment, confirma l'Américain. Je m'étais toujours douté qu'il travaillait pour les services marocains.
Maintenant nous en avons la preuve. J'ai juré à mon
homologue que j'enquêterais... Allez, je vous dis à ce
soir.

Le colonel algérien Mochrane Hattab, les pieds sur la
table, était en train de visionner sur le magnétoscope de
son bureau une cassette amateur, filmée par lui-même,
représentant ses ébats avec une jeune créature, lorsqu'on frappa à sa porte. Il arrêta le magnétoscope et

alla ouvrir. Le chiffreur de l'ambassade lui tendit un câble et se retira.

L'officier jeta un coup d'œil rapide au document puis alla ouvrir son coffre et l'y rangea. Le temps de remettre sa veste, il descendit prendre au passage son chauffeur qui l'attendait au rez-de-chaussée de l'ambassade d'Algérie, à quelques centaines de mètres de celle des Etats-Unis. Plusieurs corps de bâtiments blancs aux volets verts étaient surmontés par une énorme antenne-parapluie assurant des communications discrètes.

– On rentre à la maison, annonça le colonel à son chauffeur après s'être installé dans la Peugeot.

Celle-ci se traîna à une vitesse d'escargot jusqu'à la Porte des Zaers, où les multiples feux créaient un bouchon permanent, avant de s'élancer dans l'avenue John-Kennedy menant au quartier résidentiel de Souissi. Vers le kilomètre sept, le chauffeur bifurqua à droite sur une route perpendiculaire bordée de villas neuves. Quelques ambassades, des étrangers et du personnel diplomatique logeaient dans ces parages.

Après un bref coup de klaxon, la Peugeot pénétra dans le jardin d'une villa et le colonel monta les marches du perron d'un pas vif. Sa femme était en train de lire dans le salon. Il lui jeta rapidement :

– Je vais faire mon jogging et nous dînons ensuite.

Il monta dans sa chambre et redescendit en tenue de sport.

Lorsqu'il sortit de chez lui, il aperçut du coin de l'œil deux hommes sur le trottoir d'en face, près d'une Renault 21. La DST marocaine. Ils le suivaient systématiquement dans tous ses déplacements, sauf quand ils le voyaient partir à pied par des petits chemins vers la partie non encore construite de Souissi, pour son jogging quotidien. Le colonel Hattab s'éloigna à petites foulées sans se retourner. Trois cents mètres plus loin, il arriva à la hauteur d'une petite épicerie-boucherie desservant les villas du quartier. Il ralentit et se retourna. Personne ne l'avait suivi. Vingt mètres plus loin, il tourna dans une allée en grande partie bordée de terrains vagues et accéléra. Ensuite, il tourna encore à droite pour déboucher avenue des Zaers, en face d'un supermarché. Deux cabines téléphoniques se trouvaient dans le parking. Il se glissa dans l'une d'elles. La nuit était tombée et on ne pouvait pas le reconnaître. Sortant un papier de sa poche, il composa un des trois numéros qui y étaient notés.

On décrocha à la première sonnerie. La conversation fut brève ; lorsqu'il raccrocha, l'officier algérien était ravi. L'opération sur laquelle il travaillait depuis des mois était enfin au stade opérationnel, en dépit d'une chaude alerte. Encore une dizaine de jours et le plan qu'il était chargé de mettre en œuvre se réaliserait. Bien sûr, cette attente représentait un risque, mais il y avait des éléments qu'il ne contrôlait pas.

Après avoir raccroché, il repartit par le même itinéraire. Lorsqu'il réapparut, une heure environ s'était écoulée. Les deux policiers de la DST fumaient, appuyés à leur voiture. Il refréna une furieuse envie de leur adresser un signe amical.

Rentré chez lui, il prit une douche et alla s'enfermer dans son bureau afin de composer un câble qu'il crypta lui-même à destination de sa Centrale.

Ensuite, satisfait, il alla prendre une bouteille de scotch *Defender Success* de douze ans d'âge arrivé par la valise diplomatique et s'en versa une grande rasade sur des glaçons. Il le méritait bien.

Malko roulait lentement dans la petite avenue de Marrakech, une voie calme bordée de villas cossues qui commençait à hauteur de l'ambassade américaine. Il s'arrêta devant le numéro 26, descendit et sonna. Au fond du jardin, il distingua une villa blanche aux formes carrées. Une jeune Marocaine traversa le jardin en courant pour venir lui ouvrir la grille. Le regard assuré et le corsage bien rempli, les jambes découvertes par une jupe très courte; celle-là n'était pas près de porter le voile... Curieux pays : dans la chambre du *Hyatt* occupée par Malko, une flèche gravée dans un rond de cuivre indiquait la direction de La Mecque...

– Je suis Malko Linge, fit-il.

– Monsieur Stanley t'attend, monsieur, répondit la jeune Marocaine.

L'intérieur était complètement Art déco, avec des murs blancs, d'énormes volumes et un mobilier anguleux. Stanley Hurd vint à sa rencontre. Malko aperçut derrière lui, assise sur un sofa, une splendide brune vêtue d'un tailleur bleu, aux cheveux noirs descendant jusqu'aux reins. Elle tourna la tête et adressa un sourire langoureux à Malko. Son regard était bizarre, trouble comme si elle était droguée; ses prunelles semblaient collées vers le haut de ses paupières. Sa bouche était pulpeuse et molle, très rouge, le nez un peu busqué. Elle tendit la main, ce qui fit cliqueter ses bracelets d'or, et dit à Malko d'une voix presque inaudible de petite fille :

– Bonsoir monsieur.

Sa voix était vraiment tout ce qu'il y avait d'enfantin chez elle... Le reste évoquait plutôt une Lolita pulpeuse à souhait, dont le regard bizarre semblait receler tous les vices du monde.

– Malko, je vous présente Lamia Kattani. C'était une grande amie de John Melrose et je pense qu'elle va nous être très utile.

CHAPITRE V

Surpris, Malko regarda avec plus d'attention la jeune Marocaine. Une poitrine hors du commun tendait la veste du tailleur. Avec ses formes pulpeuses, son visage d'une grande beauté et surtout son regard complètement allumé, elle dégageait une sensualité primitive. Elle plongea dans les yeux dorés de Malko, sans que ce dernier puisse deviner ce qu'elle pensait.

En tout cas, c'était un cocktail explosif.

La soubrette arriva avec une bouteille de Taittinger Comtes de Champagne rosé 1985 et remplit les flûtes. Les bulles glacées remontèrent le moral de Malko. Il examina les bijoux de Lamia. Le bracelet de diamants qui étincelait à son poignet droit valait dix ans de salaire d'une femme de ménage de Rabat.

Stanley Hurd annonça :

– J'ai parlé à Lamia de notre problème avec Jawad et elle va nous aider.

Malko ne voyait pas très bien comment.

– Vous connaissez Jawad Benjelloun? demanda-t-il.

Lamia Kattani, sans changer d'expression, dit de sa voix monocorde et imperceptible :

– Je vais à la fac de droit. Tout Agdal connaît ce vieux porc. Il n'est pas le seul à draguer des étudiantes, mais c'est le plus répugnant. Il y a quelques jours, il a dragué une fille qui est dans le même amphi que moi,

Mina. Elle m'a dit qu'il lui avait donné cinq cents dirhams pour coucher avec elle.

Malko écarquilla les yeux. Il ne voyait pas cette sulfureuse Lolita dans un amphi de droit.

– Vous faites du droit? interrogea-t-il.

– Ce sont mes parents qui veulent, dit-elle.

La soubrette entra et lança :

– Monsieur Stanley, tu es servi.

– Passons à table, suggéra l'Américain.

Tandis qu'ils attaquaient les inévitables tajines d'agneau, il expliqua son idée.

– Il faut faire peur à Jawad Benjelloun et le forcer à nous dire ce qu'il sait. Or, il nous fuit.

– Je pourrais aller le relancer, suggéra Malko.

Stanley Hurd secoua la tête négativement.

– A quoi bon? Nous n'allons pas le kidnapper et le torturer. Il a un motif puissant pour nous fuir : la peur. Et une sacrée peur! Sinon, la perspective de gagner cinq mille dollars l'aurait déjà fait accourir la langue pendante...

– En attendant, je pourrais faire un saut à Marrakech.

La réponse de Stanley Hurd ne se fit pas attendre :

– Non. C'est *ici* qu'on va identifier ce « Brahim ». Puisque Benjelloun joue les Arlésiennes, nous allons lui tendre un piège, en jouant sur ses petits vices. J'ai eu l'idée d'utiliser notre amie Lamia. On va l'envoyer au contact et elle va se laisser draguer. Ça m'étonnerait qu'il résiste....

– Moi aussi, renchérit Malko.

Lamia, les yeux baissés, sourit modestement. Lorsqu'elle releva la tête, Malko croisa son regard et ce qu'il y lut lui liquéfia la moelle épinière. En dépit de son maintien sage et de sa voix de petite fille, Lamia était une salope digne de figurer dans le *Guinness Book of Records*.

– L'année dernière, à Casa, un commissaire de police

TUERIE À MARRAKECH

a été fusillé pour avoir violé des étudiantes, continua Stanley Hurd.

Lamia tamponna sa grosse bouche molle d'un air indifférent, comme s'il ne s'agissait pas d'elle. Puis, d'un geste naturel, elle défit les boutons de son tailleur, révélant des seins à satisfaire plus d'un honnête homme... Comme pour renforcer le raisonnement de Stanley Hurd...

– Qu'en pensez-vous? demanda Malko.

– C'est amusant, dit-elle, comme si on lui proposait un pique-nique. Ce type est un salaud. Je serais ravie de rendre service à Stanley.

Le dîner fut vite expédié. Ils repassèrent dans le salon où Lamia réclama une *Original Margarita* : tequila, Cointreau et citron vert, et ôta la veste de son tailleur. C'était difficile de regarder ailleurs. Son expression faussement innocente achevait de rendre le mélange détonnant. Stanley Hurd se versa un Gaston de Lagrange *long drink* tandis que Malko se contentait de son habituelle vodka. Il ne pouvait détacher les yeux de Lamia, se demandant quel mobile poussait cette splendide Lolita à accepter de tremper dans une manip aussi minable.

Vers deux heures, elle regarda sa montre et annonça :

– Je dois m'en aller. On m'attend à l'*Insomnia*. Voulez-vous me rencontrer demain soir?

Son étrange regard était fixé sur Malko.

– Où?

– Dans le parking du *Restaurant de la Plage*. J'ai une Honda blanche immatriculée 6498. Vers huit heures, la nuit sera tombée.

Elle remit la veste de son tailleur, toujours aussi inexpressive, le regard ailleurs. Stanley Hurd la raccompagna et vint rejoindre Malko, ravi.

– Alors, comment la trouvez-vous?

– Superbe et étrange. Mais qu'est-ce qui la fait courir?

64   *TUERIE À MARRAKECH*

L'Américain se rassit, se reversa une rasade de Gaston de Lagrange X.O. et expliqua :

— Lamia est une fille de très bonne famille. Ses parents sont de gros bourgeois « fassis » et elle parle couramment trois langues. Mais elle rejette complètement la culture islamique et ne rêve que de vivre hors du Maroc, pour être chanteuse ou comédienne. Seulement, ses parents ne l'entendent pas ainsi. Si elle quitte le Maroc, ils lui coupent les vivres. Alors, elle se venge en se servant de son physique. Vous l'avez vue, c'est une bombe sexuelle. A quinze ans, elle a piqué l'amant de sa mère, un gros éleveur de Meknès. Elle savait où ils avaient rendez-vous et un jour, elle est venue à la place de sa mère. Ensuite, elle a multiplié les aventures. John Melrose l'avait rencontrée dans un cocktail. Quand elle a su que je vivais seul, elle a plaqué John pour débarquer un soir. Bien sûr, je n'ai pas résisté, mais en mettant les choses au point. Nous sommes restés copains.

— Elle a besoin d'argent?

Stanley Hurd sourit.

— Non, l'ex-amant de sa mère l'entretient largement. Vous avez vu ses bijoux... Mais elle est un peu allumée. J'ai l'impression qu'elle fume pas mal le kif. Ou alors, elle a tout le temps envie de baiser. Elle m'a déjà procuré des informations précieuses car elle connaît tout le monde et a un autre amant au cabinet du roi... Elle déteste le système social de ce pays et ceux qui profitent des pauvres comme Jawad Benjelloun. En plus, je me demande si elle n'est pas un peu perverse...

— Espérons que cela va marcher, conclut Malko. J'en ai assez de me tourner les pouces à Rabat à écouter les muezzins. Pendant que des terroristes islamistes préparent un bain de sang.

***
****

TUERIE À MARRAKECH

Le parking en face du *Restaurant de la Plage* était
balayé par un vent violent. Peu de voitures. En plus, il
pleuvait. Malko, en arrivant, aperçut une voiture blanche, feux stop allumés, et marcha jusqu'à elle dans les
rafales. Lamia était seule au volant. Elle lui ouvrit
l'autre portière et il monta. L'intérieur sentait le tabac
blond. Elle avait une cigarette à la main et un paquet
entamé de Lucky Strike était posé sous le pare-brise.

– Vous êtes en retard, dit-elle de sa voix basse.

– Désolé, s'excusa Malko, je n'avais pas mesuré
l'ampleur des embouteillages. Vous avez progressé?

Lamia tourna vers lui ses yeux sombres à moitié
révulsés.

– J'ai vu Jawad aujourd'hui, annonça-t-elle, place de
l'Unesco, en face de la faculté de droit. Il venait
chercher Mina, et moi j'étais avec elle.

– Et alors?

Un sourire gourmand allongea encore la grande
bouche molle.

– Il m'a posé des tas de questions. Comme il faisait
doux, je n'avais pas mis de veste, exprès. Il ne pouvait
pas détacher les yeux de mes seins. Mina a dit qu'elle
devait rentrer et nous a laissés seuls. Ce salaud s'est
débrouillé pour me toucher en pleine rue! Il m'a fait
tout un baratin et m'a proposé de venir le voir chez lui
demain vers dix heures, sous prétexte qu'il pourrait
peut-être me trouver du travail comme journaliste. On
va bien s'amuser.

Son regard trouble s'éclairait d'une lueur perverse
mais sa voix n'était pas montée d'une octave. Elle
aurait pu réciter le catéchisme. Si Malko ne l'avait pas
vue en face de lui, il aurait cru entendre une fillette de
douze ans.

– Super! dit-il.

Lamia bâilla, regarda sa montre et dit de la même
voix égale :

— J'ai faim! Si vous m'invitiez à dîner, je suis libre jusqu'à dix heures.

Elle sortit la première de la Honda et Malko put admirer ses jambes fuselées découvertes par une mini-jupe en daim qui moulait ses fesses comme une gaine. L'estomac plat faisait ressortir sa poitrine somptueuse qui, en dépit de son poids, avait l'arrogance de la jeunesse.

On les installa à une table près de la fenêtre, avec vue sur la mer.

Elle portait un haut hypermoulant, en tissu argenté, et les mêmes bijoux que la veille. Malko les désigna du doigt.

— Jawad Benjelloun ne va pas croire que vous soyez à la recherche de quelques centaines de dirhams...

— Je ne m'habille pas comme ça pour aller à l'université, dit-elle.

Ils attaquèrent les salades épicées tandis que les grosses vagues se brisaient avec un bruit sourd sur la plage, au pied du restaurant.

Le regard trouble de Lamia intriguait Malko.

— Quel âge avez-vous? demanda-t-il.

— Dix-sept ans.

— C'était délicieux, dit Lamia de sa voix enfantine.

Elle titubait très légèrement. Si elle avait à peine touché à son loup grillé, elle avait vidé presque seule une bouteille de gris de Boulaouane faisant ensuite passer sa salade d'orange avec un *Cointreau-Caïpirinha* bien tassé. Elle prit le bras de Malko en sortant du restaurant.

— J'ai un peu mal à la tête, murmura-t-elle. Allons nous promener.

Elle l'entraîna vers une grande jetée s'avançant dans la mer, perpendiculairement au rivage. Absolument déserte, à part quelques chats errants. Les vagues se brisaient de chaque côté des rochers dans un fracas d'enfer et le vent soufflait violemment. On se serait cru en Bretagne.

Lamia sautait d'une pierre à l'autre sur le sol inégal, trébuchant parfois dans les trous. La pluie avait cessé, ils étaient les seuls promeneurs. Un quart d'heure plus tard, ils étaient presque au bout de la jetée. Lamia s'arrêta et dit de sa voix innocente :

— Quand j'avais quatorze ans, je donnais rendez-vous ici à mes flirts, mais il y avait toujours beaucoup de couples. On n'était pas tranquilles comme ce soir...

— Cela ne devait pas trop vous gêner, remarqua Malko.

— C'est ici que j'ai fait l'amour pour la première fois, j'avais quatorze ans et demi et mes seins étaient déjà très gros. Tous les garçons voulaient les toucher. Il était très beau et j'étais très amoureuse. Il s'appelait Rachid. Maintenant, il est gros, marié et con.

Malko sourit dans l'obscurité.

— C'est la vie! Vous connaissez l'adage latin : *carpe diem*.

— Non. Qu'est-ce que cela veut dire?

— Profite de chaque instant comme si tu devais mourir demain.

Lamia fronça légèrement les sourcils, puis son visage s'éclaira d'un sourire plein de sensualité.

— C'est une très bonne idée, dit-elle, avant d'écraser sa bouche contre celle de Malko.

Ils oscillaient comme deux ivrognes, balayés par les rafales de vent, unis par leurs bouches. Un bras noué autour de la nuque de Malko, debout sur la pointe des pieds, Lamia l'embrassait à perdre haleine, sa langue enfoncée jusqu'aux amygdales, sa poitrine écrasée contre sa veste d'alpaga.

Fébrilement, elle glissa une main entre leurs deux

corps et se mit en devoir d'améliorer une érection déjà
très convenable, avant de sortir à l'air libre le sexe
tendu de Malko. Les doigts refermés sur lui, elle le fit
encore grossir.

Elle s'arrêta, s'écarta et baissa les yeux sur son
œuvre.

– Tu bandes bien, fit-elle de sa voix enfantine.
Qu'est-ce que j'aimerais que tu me baises!

Malko allait lui demander ce qui l'en empêchait
lorsqu'elle s'accroupit en face de lui, d'un geste gracieux. Malko sentit aussitôt la bouche tiède lui faire un
fourreau vivant. Lamia, le visage fouetté par le vent, lui
administra une fellation digne d'une professionnelle.
Lorsqu'elle le sentit sur le point de jouir, elle l'enfonça
si loin qu'il heurta le fond de son gosier avant de s'y
déverser!

Lamia le laissa se répandre dans sa bouche, puis se
redressa lentement et l'embrassa de nouveau avec violence. Avant de dire, de sa voix enfantine :

– Il paraît que je suce comme les meilleures putains.
Tu es de cet avis?

Ses yeux semblaient nager dans le sperme.

– Tu es incomparable, complimenta Malko, mais
pourquoi ne pas avoir fait l'amour?

– Je ne peux pas, dit-elle d'un ton mystérieux. Sinon,
crois-moi, je l'aurais fait. Chaque fois qu'un homme me
plaît, je l'amène ici. J'espère toujours ressentir à nouveau ce que j'ai éprouvé avec Rachid. Hélas, ce n'est
jamais tout à fait la même chose... Maintenant, viens,
j'ai froid.

Ils repartirent vers le parking, la main dans la main,
trébuchant sur les pierres glissantes et disjointes, faisant
fuir quelques chats errants. Le vent les balayait de
rafales glaciales. Malko, avec son léger costume d'alpaga, était frigorifié lorsqu'ils atteignirent sa voiture.
Elle jeta deux dirhams au gamin qui la surveillait et
invita Malko à prendre place à côté d'elle.

Il obéit, se disant que la CIA avait de drôles d'alliés.

Lamia mit une cassette de rai, se recoiffa et refit sa bouche avec soin. Lorsqu'elle fut de nouveau présentable, elle se tourna vers Malko.

– Tu ne crois pas que ce gros porc de Jawad va me manger dans la main?

– J'espère qu'il se contentera de la main.

Elle eut un sourire. Féroce.

– N'aie pas peur! A propos, tu es marié?

– Non.

– Tu n'aimerais pas avoir une femme comme moi à tes côtés?

– Si, sûrement, dit Malko, oubliant de mentionner la présence d'Alexandra dans sa vie.

Deux crocodiles dans le même marigot n'ont jamais fait bon ménage, dit le proverbe africain... Lamia n'insista pas et se pencha pour un baiser, chaste cette fois.

– Demain, je te téléphone au *Hyatt,* fit-elle de sa voix enfantine. Vers deux heures, Inch Allah.

Malko sortit de la Honda qui démarra aussitôt et regagna sa voiture. Il n'avait plus qu'à retourner au *Hyatt*. Le soir, Rabat offrait à peu près autant de distractions qu'un village corrézien en hiver...

Lamia n'allait faire qu'une bouchée du vieux Jawad. Mais allait-il révéler son secret pour autant?

CHAPITRE VI

Jaafar Benkirane, agenouillé à même le marbre nu, se releva, sa prière terminée. Ils n'étaient qu'une douzaine de fidèles éparpillés dans la monumentale nef, au centre de la mosquée Hassan II. Ses chaussures à la main, Benkirane se dirigea vers la sortie, où il se rechaussa. A part sa carrure exceptionnelle de lutteur de foire, ses cheveux coupés très courts et un strabisme divergent assez marqué, rien ne le distinguait de ses voisins. Pourtant, sous son ample djellaba rayée, il dissimulait deux armes redoutables. Un pistolet-mitrailleur Skorpio et un poignard à la longue lame légèrement recourbée, effilée comme un rasoir. Avec cela, il pouvait égorger un homme d'un geste imperceptible, lui tranchant net les carotides.

Il était si rapide que la victime ne se voyait même pas mourir.

Il avait grandi dans les faubourgs de Meknès, la ville de la confrérie des Aïssaouas, qui ont prêché à travers le Maroc la pure doctrine islamique, au milieu d'une famille de sept enfants. Son père possédait une boutique où il exerçait la profession de boucher *hallal*. De nature très religieuse, Jaafar avait appris à égorger les animaux de façon traditionnelle. Rituel proche du sacerdoce. Hélas, le commerce de son père avait périclité et il avait dû s'expatrier en Belgique pour trouver du travail. Il continuait à aller très pieusement à la mosquée. A cause de son infirmité, il avait toujours fui les femmes, qui le surnommaient cruellement « Al Aoura » (1). Il préférait se lier avec des hommes. Près de la mosquée, il avait rencontré un Marocain comme lui, qui ne dissimulait pas ses engagements idéologiques. Après quelques rencontres, il avait avoué à Jaafar être parti combattre l'armée soviétique en Afghanistan, quelques années plus tôt, au sein du mouvement de Gulgudine Hekmatiar. Jaafar avait conçu une grande admiration pour lui...

– Moi aussi, j'y serais bien allé, avait-il dit, mais maintenant, c'est trop tard.

L'autre avait saisi la balle au bond.

– Mais le Djihad ne fait que commencer, mon frère. Partout où la *charia* (2) n'est pas appliquée en terre islamique, il faut lutter pour faire triompher la volonté de Dieu. Au besoin par la violence.

Jaafar, naïf, avait objecté :

– Mais Dieu n'aime pas la violence.

Son ami l'avait regardé avec commisération.

– Comment le Djihad pour Dieu peut-il être une violence ? Il existe un plan impérialiste et impie pour supprimer l'islam. Tout bon croyant doit être prêt à donner sa vie pour le contrecarrer.

Cette phrase avait produit un déclic dans la tête de Jaafar Benkirane. Peu de temps après, lorsque son nouvel ami lui avait proposé d'effectuer un voyage au Pakistan et en Afghanistan, afin de s'initier au Djihad, il avait dit oui sans réfléchir, racontant à son employeur qu'il devait repartir au Maroc pour des raisons de famille.

On lui avait remis l'argent de son billet d'avion à destination de Karachi. Là, il avait pris le bus jusqu'à Islamabad, puis un taxi jaune jusqu'à Peshawar, à quelques kilomètres de l'Afghanistan. Jaafar avait réalisé qu'il était entre les mains d'une organisation puis-

(1) Celui qui louche.
(2) Loi religieuse islamique.

sante et structurée. A chaque étape de son voyage, il avait rencontré des « relais », connus sous leurs seuls prénoms. Le dernier, qui parlait mal arabe – là-bas on parlait *urdu* ou *pachtou* –, l'avait conduit dans une villa blanche de la rue Jalat Abad, dans le quartier de Fese II. Elle était déjà occupée par cinq hommes, des Marocains comme lui, qui ne lui avaient également donné qu'un prénom. Le responsable de la villa lui avait demandé :

– Comment veux-tu t'appeler?

– Gulgudine! avait dit Jaafar, songeant aux exploits du chef intégriste afghan.

On lui avait pris son passeport et alors avait commencé un endoctrinement religieux et politique intense. Des heures et des heures de discours par différents instructeurs, d'où émergeait une vision des choses inconnue de Jaafar. A part l'Iran et le Pakistan, tous les pays musulmans avaient des dirigeants corrompus qui ne respectaient pas le Coran. Comme ils étaient accrochés à leurs privilèges, le seul moyen de les chasser était le Djihad.

Les distractions étaient rares. Une promenade dans G.T. Road, la grande artère traversant Peshawar d'est en ouest, des brochettes dans un des restaurants en plein air de Cinema Road ou une prière à la vieille mosquée Mahabat Khan. Jaafar croisait dans ses cours des Algériens, des Libyens, des Tunisiens, des Egyptiens, reconnaissables à leur accent.

Un jour, l'homme qui l'avait accueilli à son arrivée était venu le chercher avec ses camarades. Ils avaient embarqué dans un minibus qui avait pris la route de Landikotal, en haut de la Khyber Pass. Ils avaient franchi sans encombre plusieurs barrages de la police pakistanaise, puis la frontière, plus loin, pour rejoindre un camp isolé en pleine montagne. Des tentes et des bâtiments en dur. Jaafar avait eu la chance de loger dans un de ceux-ci. La nuit, le froid glaçait les os. Là, les choses sérieuses avaient commencé : tir au kalachnikov et à la grenade, maniement des explosifs, neutralisation des adversaires. Les instructeurs étaient soit des Afghans parlant un peu arabe, soit des Pakistanais.

Jaafar s'entraînait avec enthousiasme. Un jour, leur instructeur leur avait annoncé qu'ils allaient subir une épreuve, afin de départager les vrais combattants des tièdes. On leur avait amené six hommes aux yeux bandés, les mains attachées derrière le dos, des Afghans. On leur avait expliqué qu'il s'agissait d'impies, de soldats du commandant Massoud, l'ennemi de Gulgudine Hekmatiar. L'instructeur avait alors tendu un couteau à la première des recrues.

– Cet homme a trahi Dieu par sa conduite impie. Tu as été choisi pour l'exécuter. Vas-y.

La recrue avait pris le couteau et s'était approchée du prisonnier. Malgré sa formation théorique, son coup avait à peine effleuré les carotides du prisonnier qui s'était roulé par terre, suppliant qu'on l'épargne.

Tous les hommes présents s'étaient figés, mal à l'aise. La recrue désignée n'osait plus frapper. Jaafar avait alors réagi instinctivement. Il était sorti des rangs, avait pris dans sa ceinture son poignard, puis saisi de la main gauche les cheveux du prisonnier. De la droite, il lui avait tranché la gorge aussi naturellement qu'on coupe une tranche de pain... comme jadis il égorgeait les agneaux dans la boutique de son père. Puis il avait reculé vivement pour éviter que les deux jets de sang des carotides ne l'éclaboussent. Sans un mot, l'instructeur avait fait un pas en avant, l'étreignant chaleureusement.

– Tu feras un bon combattant du Djihad, avait-il prédit.

Devant cet exemple, les autres recrues s'étaient un peu mieux débrouillées. Mais, à cause de leur maladresse, chaque exécution se transformait en carnage bruyant, avec des cris de porcs qu'on égorge, des victimes qui se débattaient, ou même s'enfuyaient, saignées à blanc. Pour le dernier, l'instructeur s'était à nouveau tourné vers Jaafar.

– Montre-leur comment on tue un infidèle.

Jaafar ne s'était pas fait prier. Avec une lenteur calculée, il avait promené sa lame effilée sur la gorge de sa victime, la lui tranchant jusqu'à la colonne vertébrale. L'autre n'avait pas poussé un cri. Jaafar avait ensuite expliqué comment il fallait sectionner les cordes vocales dans l'égorgement. La récompense avait été immédiate.

– Désormais, avait décidé l'instructeur, c'est toi qui dirigeras l'entraînement... Tu es « Hadjii » (1)?

A sa grande honte, Jaafar avait dû avouer qu'il n'avait pas encore effectué, faute de moyens, le pèlerinage à La Mecque, qui donnait droit à ce titre de reconnaissance. Mais il rêvait d'y aller.

L'entraînement avait duré deux mois. Jaafar avait même égorgé une femme, qui avait renseigné les ennemis de Gulgudine Hekmatiar.

Rentré à Peshawar, Jaafar Benkirane y avait fait la rencontre qui avait définitivement scellé son destin. A la sortie de la mosquée Mahabat Khan, un homme vendait un hebdomadaire en arabe, *El Ansar*, un organe fondamentaliste. Jaafar avait été frappé par l'éclat de son regard. Un homme de haute taille, très maigre, au visage d'ascète, la tête coiffée d'une calotte aussi blanche que sa longue robe. Ils avaient échangé quelques mots et l'inconnu avait dit :

– Tu es marocain? Moi aussi! Je m'appelle Brahim, je suis d'Oujda.

Ainsi s'expliquait son accent ressemblant à l'accent algérien. Ils avaient bavardé et Brahim avait entraîné Jaafar dans le Bazar, pour déguster un kébab. La conversation était venue sur le Maroc. Devant un thé rouge, Brahim s'était enflammé.

(1) Pèlerin. (Titre réservé à celui qui a effectué le pèlerinage de La Mecque.)

TUERIE À MARRAKECH

– Pour nous, croyants, ce qui se passe au Maroc est une honte. Au lieu de faire régner la *charia*, le roi laisse les femmes exhiber leur visage et leurs jambes comme des prostituées. Des étrangers, des juifs et des infidèles souillent notre sol. Nos frères sont pourchassés, arrêtés, torturés. Il faut mettre fin à cette abomination.

Jaafar, impressionné par cette fougue, avait approuvé, objectant timidement :

– Mais, *khai* (1) Brahim, que peut-on faire ? La police est puissante et bien organisée, le peuple a peur.

Brahim s'était penché sur lui, lui glissant à l'oreille :

– *Toi*, tu pourras faire quelque chose. J'ai entendu parler de toi. Tu t'appelles Gulgudine et tu as la Foi. Peux-tu trouver quelques autres hommes de ta valeur ?

Grisé, Jaafar avait pensé à ses copains de la villa blanche, avant de répliquer sans hésiter :

– Oui, je le crois. Mais, toi, qui es-tu ?

– J'ai déjà commencé la lutte pour la Gloire de Dieu, avait répondu Brahim. Nous allons former « Al Khatib al Maout ». Pour frapper les impies, les espions, tous ceux qui bafouent notre Foi.

– Mais il faut des armes...

Brahim avait aussitôt rassuré Jaafar.

– Tu auras tout ce qu'il te faut. Si tu es d'accord, retrouvons-nous demain à la mosquée, Inch Allah.

Ils s'étaient séparés sur une accolade chaleureuse. Jaafar était fier d'avoir été distingué parmi tous les anonymes venus des quatre coins du monde. Le soir même, il avait commencé son recrutement. Trois jeunes Marocains de la villa : « Rachid », « Hassan » et « Youssef ».

Le lendemain, Brahim avait approuvé son choix.

– Maintenant, avait-il ordonné, tu vas me donner ton vrai nom, que je puisse te retrouver, dans quelques

(1) Frère.

semaines ou quelques mois. Prends celui de tes hommes, garde le contact avec eux. Quand le temps sera venu, je viendrai te trouver, Inch Allah.

Jaafar avait noté son nom et son adresse et ils s'étaient de nouveau séparés. Jaafar n'avait jamais revu Brahim à Peshawar. Quelques jours plus tard, il était parti pour l'Arabie Saoudite, avant de revenir en Belgique. Le temps avait passé lentement, il avait du mal à reprendre sa vie de tous les jours, après l'aventure exaltante qu'il avait vécue. Son excitation était peu à peu retombée, en l'absence de nouvelles de Brahim. Il avait fini par se convaincre que ce dernier n'était qu'un beau parleur de plus, au nom de l'islam.

Brahim avait surgi quatre mois après le retour en Europe de Jaafar, à la mosquée. Le fondamentaliste avait abandonné sa tenue islamique pour un costume sans cravate. Tête nue, on voyait son crâne dégarni. Il avait lancé à Jaafar avec un sourire complice :

– Comment va Gulgudine ?

Jaafar, inondé de bonheur, l'avait serré contre lui à l'étouffer.

– Je t'attendais !

Brahim avait approuvé d'un sourire.

– Nous sommes prêts aussi.

Il avait sorti de sa poche des clefs de voiture et les avait tendues à Jaafar.

– Il y a une voiture garée un peu plus loin, immatriculée en Hollande. Les papiers sont à ton nom. C'est une Ford assez vieille, mais il faut passer inaperçu. Dès que tu auras réuni tes frères, pars pour le Maroc en passant par l'Espagne. As-tu des parents là-bas ?

– J'en ai. A Meknès.

– Et les autres ?

– Rachid a des cousins à Marrakech, Youssef à Casablanca.

TUERIE À MARRAKECH

Brahim avait approuvé de la tête.

– C'est bien, ils t'hébergeront. Il ne faut pas aller à l'hôtel, ne rien faire qui attire l'attention.

Jaafar avait été brutalement affolé.

– Qu'est-ce que je vais faire là-bas?

– Ce que nous avons dit.

– Mais je n'ai pas d'armes.

– Dans la voiture, il y a deux pistolets-mitrailleurs Skorpio, un kalachnikov, des munitions et des grenades. Tu verras, on a arrangé des caches dans le coffre. Il te faudra beaucoup de bagages.

– Et la douane?

Brahim avait eu un sourire entendu.

– Les douaniers de notre pays sont très mal payés. Si tu leur donnes deux cents dirhams, ils ne fouilleront même pas ta voiture... Ensuite, tu n'auras plus qu'à t'installer chez tes amis et à attendre mes instructions...

– Quelles instructions?

– « Al Khatib al Maout »... Je te dirai comment frapper pour que ton action fasse trembler les impies!

– Tu seras là-bas aussi? avait demandé Jaafar.

– Bien sûr, mais peut-être que nous ne nous verrons pas... C'est trop dangereux. Je te transmettrai mes ordres par téléphone.

– Comment?

Brahim avait tiré de sa poche un bout de papier. Un numéro de téléphone y était noté : (01) 759245.

– Tous les jours, après *Al Maghreb* (1), à partir du moment où tu seras au Maroc, tu appelleras ce numéro. Ne te décourage pas s'il ne répond pas. Un jour, tu entendras ma voix...

– *Whakhkha, khai* Brahim (2).

– Autre chose, avait continué Brahim. Lorsque tu appelles, si on répond, tu dis immédiatement : *Bismillah*

---

(1) La prière de 6 heures.
(2) OK, frère Brahim.

Al Rahman Al Rahim (1). Si je ne te réponds pas aussi-tôt : *Al Hamdou Lillah* (2), tu raccroches et tu rappelles le lendemain. Maintenant, allons prier ensemble, pour que Dieu soit à nos côtés.

Jaafar Benkirane était subjugué. Lui, le garçon mala-droit et timide qui louchait, avait été choisi par cet homme élégant, cultivé, religieux jusqu'au bout des ongles, qui semblait disposer d'un pouvoir énorme. Brahim lui avait mis la main sur l'épaule et Jaafar avait eu l'impression que c'était le Prophète en personne.

– *Allah Ikhallik*! (3)

En même temps, il lui avait glissé dans la main une enveloppe pleine de billets. Dès qu'il s'était éloigné, Jaafar s'était précipité vers la Ford et s'était mis au volant pour la conduire dans une impasse tranquille. Là, il avait ouvert le coffre et très vite découvert les caches. Les armes étaient enveloppées dans du papier huilé. A gauche, les deux Skorpio, à droite, le kalachni-kov démonté et les grenades. Il avait garé la voiture dans un endroit sûr, avant de rentrer chez lui, grisé.

Son avenir était un grand boulevard lumineux : ceux qui risquaient leur vie pour Dieu étaient récompensés pour l'Eternité.

**
*

Après avoir traversé l'esplanade en face de la mos-quée Hassan II, Jaafar Benkirane remonta à pied le boulevard Moulay Ben Youssef, jusqu'au coin de l'ave-nue Ziraoui où se trouvait une des cabines téléphoni-ques qu'il utilisait pour ses appels. Il s'y glissa, le cœur battant, et adressa une vibrante prière à Dieu pour calmer son angoisse.

Depuis quinze jours qu'il était arrivé à Casablanca, il

(1) Au Nom de Dieu le Tout-Puissant et Miséricordieux.
(2) Béni soit le nom de Dieu.
(3) Que Dieu te protège.

TUERIE À MARRAKECH

n'avait aucune nouvelle de Brahim. Il logeait chez de lointains cousins de « Youssef » qui l'avaient accueilli à bras ouverts, dans le quartier de Ain-Chak. « Rachid » et « Hassan » avaient continué sur Marrakech, où « Rachid » avait de la famille. Les deux autres demeuraient en contact par téléphone.

Jaafar Benkirane, en tant qu'« émir » du commando « Al Khatib al Maout », avait gardé les armes avec lui, les cachant dans la maison de ses hôtes.

Une fois de plus, il composa le numéro qu'il connaissait par cœur. On décrocha à la seconde sonnerie.

– *Aiwa*? (1)

Jaafar fut tellement étonné qu'il demeura muet durant quelques secondes avant de prononcer la phrase code : *Bismillah Al Rahman Al Rahim.*

Son interlocuteur répondit immédiatement :

– *Al Hamdou Lillah,* et enchaîna aussitôt : Je vois que tu as fait bon voyage, Gulgudine.

– C'est toi, Brahim?

Il reconnaissait la voix, mais avait besoin de plus. Son interlocuteur rit.

– Bien sûr, tu as douté? Tout s'est bien passé pour toi?

– J'ai fait comme tu m'avais conseillé avec les douaniers. Ils n'ont pas fouillé la voiture... Maintenant j'attends.

– Tu n'attendras plus longtemps, affirma Brahim. Le moment approche. Tu es avec tes frères?

Jaafar expliqua pourquoi ils s'étaient scindés, mais Brahim ne lui fit aucun reproche, demandant seulement :

– Tu as toujours les armes?

– Bien sûr.

– Tu n'as pas oublié comment on s'en servait?

– *Wallah*, non! (2)

(1) Oui?
(2) Dieu m'est témoin, non!

80 TUERIE À MARRAKECH

– Bien. Rappelle-moi demain à la même heure. Je te
dirai ce que tu dois faire. Inch Allah.

Lorsqu'il sortit de la cabine, Jaafar Benkirane avait
envie de danser tout seul. Il s'arrêta dans une pâtisserie
pour acheter des cornes de gazelle à l'intention de ses
hôtes. C'était un jour à marquer d'une pierre blanche. Il
croisa une jeune fille au regard effronté, vêtue très
court, et cracha par terre en murmurant entre ses
dents :

– *Chikate.* (1)

Bientôt, ces impies seraient obligées de dissimuler
leur visage et leur corps et cesseraient de détourner les
croyants de la voie de Dieu.

**
*

Lamia Kattani monta lentement les marches du vieil
immeuble de la rue Al-Abdani. Quelques hommes qui
bavardaient sur le trottoir d'en face lui avaient jeté des
regards luisants de haine, en murmurant quelques inju-
res. Il faut dire qu'elle avait soigné sa tenue.

Un pull blanc trop serré, prêt à éclater sous la
pression de sa monumentale poitrine, et une minijupe
bricolée dans un vieux jean à laquelle Lamia avait
ajouté une longue bordure de dentelle blanche. Des
bottines à hauts talons montaient jusqu'à ses chevilles,
ses cheveux étaient réunis en une énorme choucroute,
ses yeux maquillés au khôl et sa grande bouche molle
encore agrandie par un rouge à lèvres phosphorescent...

D'un geste décidé, elle sonna à la porte du premier.
Jawad Benjelloun devait guetter derrière la porte car il
ouvrit instantanément.

Lamia vit vaciller le regard de son œil unique. Il était
encore plus répugnant que dans son souvenir, pas rasé,
glauque, sale. Elle promena un regard dégoûté sur la

(1) Putain.

petite pièce mal meublée, avec son tapis de prière usé en son milieu. Muet de désir, Jawad referma la porte. Ce n'était plus seulement la petite pilule rose qui transformait ses artères en torrent furieux. Cette apparition sulfureuse, cette Lolita ruisselante de sexe le désarçonnait. Lamia se planta en face de lui.

– Alors, *Hadj* Jawad, tu es muet?

Elle avait appuyé à dessein sur le *Hadj*. Il réussit à bredouiller quelques mots indistincts. Son cinéma habituel était dépassé. Il n'avait plus qu'une idée : poser les mains sur ce brûlot provocant. Son œil unique clignotant comme un phare en folie, il fit un pas en avant et empoigna à deux mains le pull blanc. A peine ses doigts se furent-ils enfoncés dans la chair élastique qu'il en éprouva un soulagement physique. Il repoussa Lamia vers le lit. Pas question du tapis de prière. Pour une diablesse de cet acabit, il lui fallait du confort...

Lamia se laissa étendre. Jawad ne savait plus où donner de la main. Courant des seins aux cuisses, soufflant comme une vieille locomotive, il se mit à fourrager sous la jupe en jean, attrapa la culotte et tira dessus comme un malade. Le nez contre le ventre de sa proie, il ne pouvait pas voir l'expression pleine de dégoût de Lamia. Il s'emparait de son ventre nu quand elle remonta son pull blanc, découvrant sa poitrine imposante. Hélas, Jawad n'eut guère le temps de profiter du spectacle.

Avec ses beaux ongles rouges, Lamia venait de se griffer les seins. Le sang perla aussitôt sur sa peau laiteuse. Médusé, Jawad s'immobilisa. Elle continua, striant ses cuisses de longues traînées sanglantes, puis, avant que Jawad puisse se protéger, elle le griffa profondément au visage, faisant tomber ses lunettes et révélant son œil blanc et mort. Elle termina en déchirant sa chemise.

Ahuri, Jawad tituba. Les coups de griffe le brûlaient horriblement. Il se baissa pour ramasser ses lunettes.

Lamia rafla sa culotte tombée à terre, la déchira d'un geste énergique et commença à pousser des cris stridents.

– Arrête, salaud! Je ne veux pas! Tu me fais mal! Impie! Chien!

Sa voix douce et presque inaudible avait fait place à des hurlements stridents. Elle fonça vers la porte, décoiffée, pleine de balafres sanglantes, les yeux hors de la tête. Jawad arriva juste à temps pour l'empêcher de se précipiter sur le palier. La ceinturant, il réussit à l'écarter du battant et se plaça devant, terrifié. Lamia se rua vers la fenêtre. Jawad crut que son cœur explosait; si elle ameutait le quartier, plus rien ne pourrait le sauver. Il se jeta sur elle et ils tombèrent ensemble sur le plancher sale.

– Mais qu'est-ce qu'il y a? gémit Jawad, qu'est-ce qui te prend?

Ils étaient visage contre visage. Posément, Lamia lui expédia un crachat qui dégoulina sur sa peau grise.

– Tu as essayé de me violer! gronda-t-elle. Je vais aller à la police. Ils verront les marques. Tu es un chien! Un impie. Tu finiras comme Tabet.

Tout le Maroc connaissait l'histoire de ce commissaire de police condamné à mort pour avoir violé des étudiantes.

Jawad, éberlué, ne comprenait pas ce qui lui arrivait.

– Mais je n'ai pas essayé de te violer! protesta-t-il.

Il avait l'impression de vivre un cauchemar. Le regard mauvais, Lamia lui lança:

– Prouve-le! Je dirai que tu m'as demandé de venir parler religion et que tu t'es jeté sur moi. Je le jurerai sur Dieu.

– Ecoute, fit Jawad, conciliant, je vais te donner de l'argent. Tout ce que j'ai. Mille dirhams.

Lamia lui jeta un regard méprisant. En dépit de sa terreur, Jawad se dit qu'il n'avait jamais vu une fille aussi belle.

— Je ne veux pas de ton argent. Je peux en gagner dix fois plus en cinq minutes, si je veux!

— Mais qu'est-ce que tu veux alors? gémit-il.

Lamia eut un sourire cruel.

— Je vais te le dire. Si tu n'es pas d'accord, je cours au commissariat *tout de suite*.

CHAPITRE VII

Jawad « Hadj » Benjelloun tâta avec délicatesse l'estafilade qui partait de son œil droit jusqu'à la commissure de sa bouche. La furie ne l'avait pas raté. Il en était encore tout retourné, assis devant un thé à la menthe, dans le café *Saft* au coin de l'avenue Hassan II; abasourdi par la rumeur de la circulation, les cris et les appels des colporteurs, de tous les gosses qui s'ingéniaient à gagner quelques dirhams. Une charrette tirée par un âne famélique passa devant le café où, bien entendu, il n'y avait que des hommes... Même les putes n'osaient pas venir s'asseoir à une terrasse.

Pour la centième fois, le journaliste passa en revue les éléments de son problème. Il n'y avait que trois solutions et aucune n'était vraiment bonne.

La première consistait à demander la protection de son « copain » Halim, le policier de la Sûreté nationale. Il ne la refuserait probablement pas, mais poserait des questions. Beaucoup de questions. Or, Jawad ne voyait pas comment il pourrait ne pas lui parler de la photo. Et là, les ennuis commenceraient, parce qu'il lui faudrait inventer une histoire que l'autre ne croirait pas. Il connaissait la suite. On le mettrait dans une cellule et on le torturerait jusqu'à ce qu'il parle. Il se souvenait avoir vu une fois, dans le commissariat de son quartier, un homme allongé par terre sur lequel l'inspecteur

Halim Jilali sautait à pieds joints. Des excréments lui remontaient par la bouche...

La seconde solution était de parler de la photo à celui qu'elle représentait... Il en frémissait à l'avance. Parce qu'il lui faudrait alors expliquer *pourquoi* la CIA s'était adressée à lui à son sujet. Cela pouvait se terminer très, très mal.

Quant à la troisième solution, c'était la plus attrayante à première vue : faire le mort. Ce qu'il avait déjà tenté de faire... Elle comportait deux gros risques : le premier, que la « furie » aille porter plainte. Une fois la machine judiciaire lancée par quelqu'un de haut placé, plus rien ne sauverait Jawad. De temps à autre, le pouvoir aimait bien faire des exemples, afin de montrer au bon peuple qu'on le protégeait... Même son contact à la Sûreté nationale ne pourrait pas le protéger.

Une Renault 4 L blanche de la Sûreté nationale passa devant le café et ralentit. Jawad crut avoir un malaise. Il n'avait que quelques heures pour résoudre son dilemme. Il se leva, laissant quelques pièces sur la table, et se dirigea vers un arrêt de bus. Il fallait choisir son camp. Vite. Si Dieu était de son côté, il s'en sortirait. Sinon...

Le bus pour la place Mohammed Zerktoumi arriva et il se hissa dedans, puis s'assit à côté d'une jeune fille plutôt bandante. Il était tellement mal qu'il ne la vit même pas.

Le café *Al Bustane* était le plus gai de l'avenue Omar Ibn Kattab, tout près de la faculté de droit et de la cité universitaire. Jawad Benjelloun inspecta la terrasse et repéra tout de suite celui qu'il cherchait. Seul à une table en bordure de l'avenue, il observait les passants, ou plutôt les passantes, des grappes d'étudiantes montant et redescendant l'avenue. Les deux hommes échangèrent un regard rapide.

Deux heures plus tôt, Jawad avait donné un coup de fil discret, utilisant un code très simple. Une conversation « ouverte » qui pouvait être écoutée sans conséquence fâcheuse. Ce simple appel était le signe convenu pour un rendez-vous au *Al Bustane*, toujours à la même heure. C'est là que Jawad avait connu son correspondant. Ce dernier se livrait à la même occupation que lui : la drague. Ça les avait rapprochés et lorsqu'ils avaient découvert leurs occupations réciproques, leur rencontre avait débouché sur une relation suivie, fructueuse pour les deux.

L'*Al Bustane* était un endroit parfait pour des rencontres. Chaque fois que Jawad avait une information à communiquer à son « client », il donnait signe de vie.

L'homme au crâne dégarni se leva et se dirigea sans se presser vers l'intérieur de l'établissement. Jawad attendit deux ou trois minutes, puis se leva à son tour, en direction des toilettes. L'autre l'y attendait.

– Tout va bien, Jawad ? demanda-t-il.

Il parlait sans presque bouger les lèvres. Jawad Benjelloun prit son courage à deux mains.

– Oui, mais j'ai une information importante pour toi.

– Dis.

Jawad Benjelloun balaya le café du regard. Aucun flic en vue. Si son interlocuteur avait été suivi, les flics étaient restés dans l'avenue.

– Dépêche-toi, lança à voix basse l'homme au crâne dégarni. Tu sais que c'est dangereux de se voir ainsi. Pour toi...

– Les Américains sont venus me voir, annonça-t-il. Avec une photo de toi. Ils voulaient que je t'identifie...

L'autre sourit, amusé.

– Tu peux leur dire qui je suis. Ils ont des tas de photos de moi. Les Marocains aussi. Ce n'est pas bien grave. Mais pourquoi les Américains s'intéressent-ils à moi ?

Jawad Benjelloun avala sa salive avec énormément de difficulté.

– Ce n'est pas tout à fait cela, Mochrane. C'est toi sur la photo, mais ce n'est pas tout à fait toi.

– Explique-toi...

Jawad Benjelloun s'expliqua. Les yeux de son interlocuteur n'étaient plus qu'un trait et il avait l'impression que son cœur avait rapetissé dans sa poitrine... Dans ce métier, on n'était jamais à l'abri d'un hasard. Quel était l'imbécile qui avait pris cette photo, à l'autre bout du monde? S'il s'en était aperçu, il l'aurait égorgé sur-le-champ. Mais le mal était fait et il fallait réagir. Il réussit à poser calmement la main sur l'épaule de son interlocuteur.

– *H'bib Diali* (1), tu as bien fait de m'avertir... Tu as droit à ma reconnaissance.

Sa voix était si chaleureuse que Jawad se sentit rassuré, mais ses doigts étaient enfoncés comme des serres dans son épaule.

– Quand vois-tu cet Américain? demanda-t-il.

– Demain.

– Où?

– A la mosquée Hassan II. A la tombée de la nuit.

– Bien. On va lui donner une leçon. Voilà ce que tu vas faire...

Jawad Benjelloun écouta attentivement les instructions, puis demanda anxieusement :

– Et moi, j'aurai des problèmes?

– Non, non, assura son interlocuteur. Après le rendez-vous, on s'occupera de toi. On te mettra à l'abri. Maintenant, je dois m'en aller. Reste ici. On se retrouve après-demain ici, à la même heure, Inch Allah.

– A la même heure, Inch Allah, répéta docilement Jawad Benjelloun, soulagé.

Cela s'était finalement mieux passé que prévu. Son

(1) Cher à moi.

interlocuteur avait été loyal. Il attendit encore un peu, puis regagna la terrasse du café. L'autre avait disparu.

***

Lamia Kattani était toujours aussi éblouissante dans son tailleur trop court qui découvrait les deux tiers de ses cuisses. Des collants sombres dissimulaient les estafilades de ses jambes. Comme convenu, elle avait appelé Malko à 2 heures pour lui fixer rendez-vous à 6. Installée dans un fauteuil du hall, face à Malko, elle lui racontait son rendez-vous avec Jawad Benjelloun et la conclusion : le rendez-vous à la mosquée, le lendemain.

– Tu es satisfait? demanda-t-elle, en achevant d'un trait son *Cointreau Caïpirinha*, ne laissant qu'un fond de glace pilée. Il s'est engagé à te dire qui est l'homme de la photo.

– Tout à fait, dit-il. J'espère qu'il viendra.

– Il viendra, affirma-t-elle. Il a peur.

Un policier en civil qui traînait toujours dans le hall commençait à tourner autour d'eux. Visiblement, il prenait Lamia pour une pute. Or les putes étaient interdites au *Hyatt*.

– Comment puis-je te remercier? demanda Malko, comme Lamia se levait.

Elle lui adressa un sourire ravageur.

– Je te le dirai si on se revoit.

Elle s'éloigna, traversant le hall en balançant exagérément les hanches, puis s'engouffra dans sa Honda blanche.

Malko n'arrivait pas à croire qu'elle se soit laissé tripoter – au minimum – par l'immonde Jawad.

***

Mochrane Hattab courait à petites foulées le long de l'avenue des Zaers, soufflant toutes les trois foulées.

Comme tous les soirs, il avait semé ses anges gardiens, trop paresseux pour se lancer dans le jogging. Coudes au corps, il faisait marcher son cerveau encore plus vite que ses jambes. Cette histoire de photo pouvait être un cataclysme. Sans qu'il ait commis aucune faute...

Bien sûr, maintenant que le feu avait pris, il ne pourrait plus jamais l'éteindre. Un jour ou l'autre, malgré toutes ses précautions, les Américains parviendraient à leurs fins.

Si cela se produisait dans quelques mois, les conséquences seraient limitées. Dans l'immédiat, c'était infiniment plus grave. Donc, il fallait gagner du temps. A n'importe quel prix.

La cabine téléphonique n'était plus qu'à cent mètres. Il ralentit, expirant profondément et s'accroupit, surveillant les alentours. Personne en vue. Il était invisible, sauf de très près.

La sonnerie le surprit. Il laissa sonner deux fois avant de bondir jusqu'à la cabine et de décrocher. Il entendit la phrase code et répondit aussitôt. Au fond, c'était un excellent test. Il allait voir le résultat de l'entraînement de Peshawar. Sa conversation dura près de vingt minutes. Il ne fallait rien laisser au hasard. La moindre anicroche déclencherait des catastrophes.

Lorsqu'il raccrocha, il était un peu rassuré. Il repartit au petit trot, essayant de se vider le cerveau. De toute façon, il n'avait guère plus de latitude qu'une chèvre attachée à un piquet.

Malko gara sa voiture dans l'avenue de Marrakech, juste en face de l'entrée de l'ambassade américaine. Stanley Hurd devait l'attendre.

Le chantage exercé par la pulpeuse Lamia semblait avoir fonctionné, mais Jawad Benjelloun n'avait peut-être cédé que pour gagner quelques heures; ou prendre certaines dispositions. Malko avait, lui aussi, certaines précautions à prendre... Si on avait effacé du ciel un avion avec quarante-quatre personnes à bord pour éviter l'identification de l'inconnu de la photo, Malko risquait sa vie en allant à ce rendez-vous. Même en plein Rabat, dans un lieu surveillé en permanence par la police... Stanley Hurd l'attendait au sas de sécurité. Visiblement ravi.

— J'avais raison, triompha-t-il dès qu'ils furent dans son bureau. C'était inutile d'aller à Marrakech.

— En attendant, j'aimerais ne pas aller à ce rendez-vous armé de ma seule bonne foi.

— C'est-à-dire?

— Quarante-quatre morts, cela suffit, non? J'ai besoin d'une arme.

Le visage de Stanley Hurd se ferma.

— C'est difficile, je ne peux pas prendre cela sous ma responsabilité. Les Marocains sont très susceptibles sur le sujet. Je vais câbler à Langley. J'espère qu'on aura la réponse à temps, il n'est que six heures du matin là-bas.

— J'espère aussi, fit Malko avec une certaine froideur. Parce que sinon, je n'y vais pas.

L'Américain eut un haut-le-corps.

— Vous plaisantez? L'identification de ce Brahim est fondamentale...

— Ma vie aussi, répliqua placidement Malko. Mais si vous y tenez tellement, je ne vous empêche pas d'y aller à ma place.

Stanley Hurd eut son réflexe habituel. Il prit le paquet de Lucky Strike posé sur le bureau et en alluma une.

— Ce n'est pas mon job, contra-t-il.

— Et moi, je ne suis pas suicidaire. Je n'ai aucune confiance dans Jawad Benjelloun. Il a cédé trop vite pour qu'il n'y ait pas un loup.

Stanley Hurd tira sur sa cigarette un long moment. Puis, avec un soupir agacé, il se leva.

— Bon, attendez, je vais voir.

Il sortit de son bureau, laissant Malko seul. Un quart d'heure plus tard, il était de retour, avec un Beretta 92 automatique enveloppé dans un chiffon.

— Je l'ai emprunté à un des *Marines* de la Sécurité, expliqua-t-il. Mais pas de bêtises, je ne pourrai pas vous sortir de prison, si vous flinguez un Marocain.

Malko prit l'arme et la glissa dans sa ceinture, à la hauteur de sa colonne vertébrale.

— On arrive généralement à sortir d'une prison, remarqua-t-il, mais personne n'est *jamais* ressorti d'un cercueil. A part le Christ, et encore, ce n'est pas prouvé.

La nuit finissait de tomber lorsque Malko traversa l'esplanade en face de la mosquée Hassan II. Des projecteurs éclairaient la façade et le minaret; les immenses portes de bronze laissaient sortir les centaines de croyants venus pour la dernière prière. A peine rechaussés, ils se dispersaient dans toutes les directions. Malko regarda autour de lui. Plusieurs flics en uniforme stationnaient, sans compter ceux en civil, moins repérables. Mais pas de Jawad Benjelloun.

Il s'approcha de l'entrée de la salle des prières et tenta d'en apercevoir l'intérieur.

Trop sombre.

Il revint sur ses pas, descendant vers l'entrée de la salle des ablutions. C'est là qu'il aperçut dans la pénombre la silhouette épaisse de l'informateur de la CIA. Il s'approcha de lui à pas de loup et dit à voix basse.

— Jawad?

Jawak Benjelloun se retourna. Reconnaissant Malko, il dit d'une voix mal assurée :

— Venez. J'ai vu des gens de la Sûreté. Il ne faut pas rester ici.

Il s'éloigna rapidement, remontant sur l'esplanade. Il coupa au plus court, vers un escalier menant au chemin qui rejoignait la promenade du bord de mer.

Brutalement, Jawad Benjelloun bifurqua sur la droite et disparut.

CHAPITRE VIII

Malko, arrêté au bas des marches, cherchait à percer l'obscurité. L'endroit, en contrebas de l'esplanade, échappait à la clarté des projecteurs. Devant lui, le passage entre le mur du parking, à gauche, et la balustrade surplombant la mer, à droite, était vide. Il avait l'impression folle que Jawad Benjelloun s'était volatilisé comme un personnage d'Aladin. La nuit tombant à toute vitesse réduisait la visibilité à chaque seconde...

Soudain une voix appela :

– Monsieur Malko.

Cela venait du trou sombre sur sa droite. Malko avança dans cette direction et découvrit la clef du mystère. Ce qu'il avait pris pour une simple encoignure était en réalité l'entrée d'une galerie ouverte du côté de la mer et qui courait sous l'esplanade, dominant la mer dont les vagues se brisaient contre le mur, près de vingt mètres plus bas. Le Marocain, à l'entrée de la galerie, lui faisait signe. Il le rejoignit.

– Venez par ici, dit Jawad Benjelloun. Ici, ils ne peuvent pas nous voir.

On n'entendait que le bruit des vagues.

Sans attendre la réponse de Malko, le Marocain s'engagea dans la galerie, balayée par le vent du large. Ils se trouvaient maintenant sous l'esplanade, totalement invisibles. Malko rattrapa Jawad Benjelloun et le saisit par le bras. Tous ses sens en éveil, il scruta l'obscurité devant lui. La faible luminosité de la nuit plutôt claire, entrant par les ouvertures donnant sur la mer, ne suffisait pas à éclairer la galerie. Il n'aimait pas du tout la tournure que prenait ce rendez-vous.

– Arrêtez! ordonna-t-il.

Le Marocain obéit et pivota docilement. Il faisait trop sombre pour que Malko puisse distinguer son visage, mais une odeur aigre frappa ses narines. Jawad Benjelloun suait. Malko désigna le trou noir derrière lui.

– Où cela mène-t-il?

– Nulle part, affirma le Marocain. Cela s'arrête un peu plus loin. Nous sommes tranquilles.

Une odeur d'excréments, d'urine et de pourriture montait du fond de la galerie, pas ragoûtante.

– Ressortons, fit Malko, je n'aime pas cet endroit.

Jawad Benjelloun ne bougea pas. Malko comprit qu'il fallait utiliser les grands moyens. Saisissant le Beretta 92 dans sa ceinture, il le braqua sur l'informateur de la CIA.

– Partons d'ici.

Le Marocain demeura immobile et muet. Quelque chose lui faisait encore plus peur que le pistolet de Malko. Celui-ci se retourna. Personne derrière lui. Le grondement des vagues créait un bruit de fond étouffant les sons plus légers.

– Qui est l'homme sur la photo? demanda Malko, renonçant à le faire bouger. Vous avez promis de me le dire. Si vous refusez, vous risquez de gros ennuis.

Jawad Benjelloun, muet comme une carpe, semblait ne pas voir le pistolet braqué sur lui. Malko insista :

– Je vous ai dit que vous auriez une prime de 5 000 dollars. Cela doit faire environ 40 000 dirhams. C'est une somme importante.

Une chose étrange se passa alors. Jawad Benjelloun rejeta la tête en arrière et poussa un cri étranglé, avorté. Sans que Malko ait rien vu ou entendu, la lame d'un

TUERIE À MARRAKECH

poignard surgit devant la gorge du Marocain, comme
tenue par un fantôme. Horrifié, Malko la vit s'enfoncer
dans les chairs flasques du cou de Jawad. Puis elle
disparut et deux geysers de liquide sombre jaillirent
presque à l'horizontale, inondant sa veste. L'odeur fade
du sang effaça la puanteur ambiante. Les bras ballants,
Jawad Benjelloun n'émettait plus aucun son. Son crâne,
tiré par une main invisible, bascula lentement en
arrière, découvrant un magma rougeâtre : son cou. Sa
tête était détachée de son corps, elle ne tenait plus que
par les vertèbres cervicales.

Malko, tétanisé, avait l'impression d'assister au show
morbide d'un magicien. Son pistolet ne lui était d'aucun
secours. Le Marocain bloquait le passage. Soudain,
avec un gargouillement hideux, il s'effondra en avant,
la tête retombant sur sa poitrine.

Malko écarquilla les yeux, cherchant à percer l'obscurité. Il tenait son arme braquée sur le trou noir,
devant lui. Personne !

C'était hallucinant ! Comme si le Marocain avait été
égorgé par un fantôme.

Malko recula, le pistolet toujours braqué, et entendit
un bruit derrière lui. Il se retourna, ne vit rien, mais
devina une présence...

Il était le dos collé au mur, et son pouls grimpait
vertigineusement. S'il repartait vers la sortie, il laissait
derrière lui la « chose » qui avait égorgé Jawad
Benjelloun. S'il partait à reculons, il risquait d'être
assailli par ceux qui, vraisemblablement, s'apprêtaient à
le prendre à revers.

Il était tombé dans un guet-apens parfaitement orga-
nisé.

*
**

Accroupi sur le sol rugueux de la galerie, Jaafar
Benkirane observait son adversaire. Son cœur battait à
un rythme régulier et il ruisselait de satisfaction. L'exé-

cution de Jawad avait été parfaite, dans les règles, un véritable égorgement « hallal ». Ceux qui verraient son cadavre ne pourraient manquer de s'apercevoir que le crime était signé d'un combattant de la Vraie Foi. Maintenant, c'était au tour de l'Américain.

Entièrement recouvert d'une combinaison noire et d'une cagoule, le visage noirci au cirage, il se savait invisible, ce qui ajoutait au désarroi de l'adversaire. Ses deux complices, « Rachid » et « Hassan », portaient la même tenue, revêtue dès leur entrée dans la galerie. Bien sûr, cela ne protégeait pas des balles, mais cette présence se dérobant aux regards déstabilisait l'ennemi et l'empêchait de viser.

« Rachid » et « Hassan » ne se trouvaient là qu'en couverture. Ils avaient ordre de ne frapper que si l'Américain cherchait à fuir en s'ouvrant un passage à coups de feu. Jaafar, en tant que chef de « Al Khatib al Maout », s'était arrogé l'honneur de l'égorger lui-même.

Il prêta l'oreille. L'homme qu'il se préparait à tuer était immobile, à trois mètres de lui, plongé dans l'ombre, lui aussi. Il avait vu son arme, donc il devait être prudent. Ce n'était pas un agneau qu'il s'apprêtait à égorger, mais un lion. Dieu ne l'en récompenserait que mieux.

Il commença à ramper, centimètre par centimètre, absolument silencieux. A son arrivée, il avait balayé le sol de la galerie de toutes ses aspérités, cailloux ou objets abandonnés. Le bruit du ressac se brisant sur les hauts murs couvrait le léger froissement de sa progression. Il devait avancer d'un mètre. Ensuite, il jetterait, *derrière* son adversaire, la poignée de cailloux qu'il tenait dans la main gauche. Ce dernier se retournerait, croyant à une attaque. Jaafar n'aurait plus qu'à bondir et à l'égorger d'un seul revers. Un coup appris en Afghanistan, pour se débarrasser d'une sentinelle. Il s'était assez entraîné sur des cibles vivantes pour être parfaitement sûr de lui.

TUERIE À MARRAKECH   97

Ensuite, lui et ses complices se débarrasseraient de leurs tenues et rentreraient chez eux. On ne découvrirait les corps que le lendemain, et encore.

Le regard fixé sur la silhouette très vaguement éclairée par la clarté des étoiles, il se lança dans sa dernière ligne droite. Dans quelques secondes, le sang de ses victimes, l'Impie et le Mécréant, se mélangerait sur la lame de son poignard.

*
**

Malko sentait son cœur battre à grands coups contre ses côtes. Il avait beau écarquiller les yeux, il ne voyait toujours rien. Pourtant, Jawad Benjelloun ne s'était pas suicidé! Son corps gisait toujours en travers de la galerie. Le dos collé au mur, Malko n'osait plus bouger.

Millimètre par millimètre, il commença à se déplacer latéralement, comme un crabe... regardant tantôt devant, tantôt derrière lui. Il était en sueur et ce n'était pas à cause de la chaleur. Les doigts crispés sur la crosse du Beretta 92, l'index sur la détente, il guettait le moindre bruit lui permettant de situer ses adversaires. Soudain, il lui sembla apercevoir quelque chose de plus sombre vers l'ouverture de la galerie. Il pivota et, sans réfléchir, tira deux fois à l'horizontale. Le passage faisant un coude, ses projectiles ne risquaient pas de se perdre à l'extérieur. Les détonations l'assourdirent, mais la lueur des déflagrations ne fut pas suffisante pour apercevoir ses adversaires. Ou il avait rêvé, ou ils étaient aplatis sur le sol.

C'est un bruit infinitésimal qui l'alerta, à côté du cadavre. Il allongea le bras, cherchant sa cible, et « sentit » plus qu'il ne vit une silhouette sombre bondir du sol dans sa direction.

Il y eut un crissement métallique, comme un couteau qu'on aiguise, et son pistolet lui fut arraché de la main. Une lame d'acier, balayant l'espace, avait heurté le cran de mire. L'index de Malko, crispé sur la détente, fit partir le coup et il entendit la balle ricocher contre le mur.

Tout se passait dans sa tête à la vitesse de la lumière. Il réalisa que celui qui avait égorgé Jawad Benjelloun avait tenté de lui faire subir le même sort. Si le canon de son pistolet n'avait pas dévié le poignard, celui-ci lui aurait tranché net la gorge. Il baissa les yeux, en quête de son pistolet. Impossible de le voir dans l'obscurité. Il n'avait que quelques secondes pour réagir. L'autre allait récidiver immédiatement. Mais il ignorait qu'il n'avait plus son pistolet, et guettait l'instant propice. Le sursis, pour Malko, serait bref. Sans arme, il n'avait pas l'ombre d'une chance contre un ou plusieurs agresseurs. Et il ne pouvait ni avancer ni reculer.

Son regard se posa sur la tache claire de l'ouverture sur la mer. Les vagues se brisaient une quinzaine de mètres plus bas. La hauteur d'un immeuble de cinq étages. Malko prit instantanément sa décision. Il se rua en avant. D'une détente désespérée, il décolla du sol, plongeant comme s'il se jetait d'une fenêtre.

Des milliers de pensées s'entrechoquèrent durant les deux ou trois secondes de sa chute. Ebloui, il ne voyait rien, que du noir. Le visage d'Alexandra passa devant ses yeux tandis qu'il tentait de piquer à la verticale. Le choc contre la surface de l'eau fut si violent qu'il eut l'impression d'atterrir sur du ciment ! Puis il coula, à demi inconscient. Le froid de la mer lui fit reprendre connaissance. Ses yeux le piquaient, sa gorge le brûlait car il avait avalé de l'eau en percutant la surface. Ses poumons éclataient, mais il résista à l'envie d'ouvrir la bouche. Gêné par ses vêtements, il battit des bras et des jambes pour remonter à l'air libre. Il avait l'impression d'être à des dizaines de mètres de profondeur !

Les lèvres serrées, la respiration bloquée, il se frayait

TUERIE À MARRAKECH

un chemin dans la masse noire liquide qui semblait ne jamais devoir finir. Au moment où ses poumons allaient exploser, sa tête creva la surface de l'eau. Il ouvrit la bouche, expulsant d'un coup tout l'air de sa poitrine. Il avala autant d'eau que d'air, cracha, s'étrangla, surnageant péniblement. Ses vêtements alourdis l'entraînaient vers le fond. Dans le lointain, il aperçut des lumières, et au ras des flots une drague stationnée à un kilomètre du rivage.

Une vague le projeta en avant et il heurta violemment une paroi dure qui le meurtrit un peu plus : le mur qui plongeait dans la mer. Désespérément, il tenta de s'y accrocher, mais retomba, buvant à chaque mouvement un peu plus de liquide salé. Le mur était glissant comme une savonnette. Impossible de s'y agripper. Même un singe n'aurait pas pu l'escalader. Une nouvelle vague arrivait. Malko plongea dessous pour éviter d'être assommé contre les roches gluantes.

Il fallait d'abord s'éloigner. Au prix d'efforts considérables, il gagna une dizaine de mètres, là où la mer devenait plus calme, et il se mit à nager parallèlement à la muraille noire qui se dressait à sa gauche, impressionnante de hauteur. Sa veste déchirée le gênait. Il s'en débarrassa, réalisant du même coup qu'il avait perdu ses chaussures. Il avait du mal à respirer, tous ses muscles étaient douloureux, mais il était vivant.

Les lampadaires éclairant la promenade de la digue lui semblaient à des années-lumière. Il se demanda s'il parviendrait au rivage. Il se souvenait d'une petite plage facile d'accès, mais encore fallait-il y arriver.

Il leva la tête vers l'esplanade, quinze mètres plus haut, sans apercevoir personne. Large de près de deux mètres, le rebord empêchait de se pencher. Le froid commençait à l'engourdir. Il se remit à nager. Personne ne viendrait à son secours. Il voyait dans le lointain des voitures défiler sur la promenade. Inutile de crier, ses appels ne s'entendraient pas au-delà de quelques mètres, étouffés par le grondement du ressac.

Peu à peu, ses muscles, meurtris par sa chute, se tétanisaient. Epuisé, secoué par les vagues, gêné par le reste de ses vêtements, il avançait à peine. Soudain, à la suite d'une détente des jambes plus violente, il éprouva un élancement aigu dans le mollet gauche et hurla tout seul. Tous ses muscles étaient contractés en une grosse boule. Impossible de plier la jambe, la douleur était abominable. Plié en deux, buvant tasse sur tasse, il entreprit de masser la zone sensible. Une vague lui passa sur la tête et il crut qu'il allait se noyer, ballotté comme un bouchon.

Enfin, la crampe s'estompa, la douleur diminua et il put à nouveau bouger la jambe. Il se remit à nager.

Le rivage semblait plus éloigné que jamais. Epuisé, il se déplaçait pratiquement debout. Enfin, ses pieds raclèrent le fond et il sut qu'il était sauvé... Encore cinq minutes d'efforts et il s'écroula sur le gravier glacial de la plage. Il lui fallut un bon quart d'heure avant de pouvoir se mettre debout. Ses vêtements trempés le faisaient claquer des dents. Une violente souffrance vrillait sa cheville gauche, probablement foulée; il avait des bourdonnements d'oreilles et ses yeux le brûlaient. L'effort pour grimper l'escalier de pierre menant à la promenade lui parut surhumain. Bien qu'il soit à peine huit heures et demie, l'esplanade de la mosquée était déserte, les gigantesques portes de bronze refermées. Seuls êtres vivants en vue, des policiers veillaient à l'entrée des parkings souterrains, trop loin pour s'étonner de son aspect. Il regarda en direction du trou sombre où s'ouvrait la galerie où il avait failli mourir, puis se détourna et se mit en marche vers sa voiture. Jawad Benjelloun n'était sûrement pas ressuscité et même s'il n'y avait qu'une chance sur un million que ses assassins le guettent encore, ce n'était pas la peine de courir le risque. Ce n'est qu'au volant de la Mercedes, toujours grelottant de froid, qu'il se sentit sauvé.

La route jusqu'à Rabat lui sembla infiniment longue.

TUERIE À MARRAKECH 101

Il conduisait comme un automate, des douleurs diffuses lui parcouraient le corps. Il n'avait pas envie d'aller au *Hyatt* dans cet état. Le mieux était de se rendre chez Stanley Hurd. L'Américain aurait ainsi la primeur de ses informations.

*

– Jésus-Christ! Qu'est-ce qui vous est arrivé?

Stanley Hurd semblait sincèrement horrifié. Aziza, la domestique de l'Américain, était venue ouvrir à Malko. Prévenu, Stanley Hurd avait aussitôt quitté la salle à manger où il dînait avec des amis pour venir le retrouver.

Nu-pieds, son pantalon trempé collé à ses jambes, des lambeaux de chemise autour du torse, les yeux rouges, Malko n'avait pas fière allure.

– Que s'est-il passé? demanda anxieusement le chef de station de la CIA.

– C'était un piège! fit Malko. Benjelloun est mort, assassiné sous mes yeux, et c'est un miracle que je sois encore là.

En quelques mots, il relata ce qui s'était passé. Stanley Hurd tourna la tête vers la porte close de la salle à manger.

– J'ai le ministre des Finances à dîner, fit-il à voix basse. Nous parlerons tout à l'heure. Venez, je vais vous installer dans ma chambre. Prenez un bain chaud. Ensuite, Aziza s'occupera de vous.

La montée de l'escalier fut un supplice pour Malko. Il avait l'impression d'être passé dans une broyeuse. Ses jambes se dérobaient sous lui. Maintenant, il réalisait à quel point il était passé près de la mort. Hébété d'épuisement, il s'assit sur le lit.

– Je vous envoie Aziza, dit Stanley Hurd. *Take care.* A tout à l'heure.

Malko ferma les yeux, éprouvant soudain une irrésis-

102   *TUERIE À MARRAKECH*

tible envie de dormir. Il entendit à peine Aziza entrer
dans la chambre. Ce n'est qu'en sentant des mains
défaire les boutons de sa chemise qui résistaient encore
qu'il réalisa sa présence. Entrouvrant ses paupières
irritées par le sel, il distingua la jeune Marocaine,
avenante avec son chignon, ses lunettes et sa jupe en
corolle.

– Laisse-toi faire, fit-elle. Monsieur Stanley m'a dit
que tu étais tombé à la mer. Il faut te réchauffer.

Elle l'aida à se débarrasser du reste de ses vêtements,
puis l'étendit sur le lit. Il entendit couler un bain, et
Aziza revint le chercher pour l'escorter jusqu'à la
baignoire. L'eau chaude lui arracha d'abord un cri de
douleur puis sa peau s'habitua et bientôt il éprouva une
sensation de bien-être incroyable. Il lui fallut quand
même un bon quart d'heure pour cesser de trembler.

Il avait subi une sorte de choc anaphylactique,
comme dans une allergie. Tous ses muscles étaient
horriblement douloureux, surtout ceux du dos et des
jambes. Aziza revint, l'aida à sortir du bain et l'enve-
loppa dans une serviette avant de le réinstaller sur le
lit.

– Mets cela sur tes yeux, conseilla-t-elle. C'est de
l'eau de rose.

Elle posa avec délicatesse une compresse délicieusement fraîche sur les yeux rougis et gonflés de Malko.

– Merci, marmonna-t-il.

– Je vais te masser, annonça-t-elle. Tu dois avoir mal
partout.

Avec habileté, elle commença à triturer les muscles de
ses épaules et l'odeur âcre du camphre s'éleva dans la
pièce. L'eau de rose apaisait la brûlure de ses yeux et les
mains habiles de la Marocaine dénouaient peu à peu ses
crampes.

– Les jambes, dit-elle.

Elle s'agenouilla sur le lit et commença par sa cheville
gauche, lui arrachant un cri de douleur. Elle s'y attarda

longtemps, faisant pénétrer le camphre dans l'articulation. Puis ses mains remontèrent le long du mollet, là où les muscles étaient encore durcis par la crampe. Malko retint un gémissement. Puis, à nouveau, la douleur recula. Peu à peu, l'odeur du camphre et le massage l'étourdissaient. Il bascula dans le sommeil sans même s'en rendre compte.

C'était un rêve agréable. Malko se trouvait dans son château de Liezen, après une réception, en train de flirter avec une de ses invitées. Elle avait un grand chignon blond et elle était agenouillée sur un sofa, s'apprêtant à sortir son membre tendu. Puis, parvenue à ses fins, elle s'amusait à lui donner de petits coups de langue, sans aller plus loin. Délicieux, mais frustrant. Pour mettre fin à cette frustration, il posait la main sur cette tête rebelle et pesait gentiment. La blonde cédait. Et – toujours dans son rêve – il sentait son sexe entièrement enveloppé par une bouche accueillante. C'est alors qu'il réalisa qu'il ne dormait plus et que sa main appuyait sur une tête bien réelle... Il ouvrit les yeux, ne vit rien. Il mit quelques secondes à comprendre que la compresse l'aveuglait. De la main gauche, il la souleva. Son regard croisa celui d'Aziza. La jeune Marocaine avait ôté ses lunettes et, accroupie sur le lit, administrait à Malko une fellation aussi efficace que ses massages. Son regard rieur disait que cela faisait partie du traitement.

Malko remit la compresse en place, sans toutefois pouvoir renouer avec son rêve. Mais la réalité dépassait le fantasme. Peu à peu, il sentit le plaisir monter de ses reins. Il l'atteignit, explosant dans la bouche d'Aziza avec un gémissement ravi. Elle l'y garda assez longtemps pour qu'il s'y apaise. Il sentit ensuite la bouche le quitter et entendit Aziza dire à voix basse :

– Tu devais rêver. Ça m'a fait quelque chose.

– Je rêvais, confirma Malko en ôtant sa compresse, mais la réalité m'a rattrapé.

Aziza remit ses lunettes, sourit et jeta une serviette sur son ventre.

– Je vais dire à M. Stanley que tu es mieux. Je crois que ses invités sont en train de partir.

Malko la suivit du regard avec reconnaissance. Chaque fois qu'il voyait la mort de près, il éprouvait une furieuse envie de faire l'amour. Une fois encore, son inconscient avait réagi. Aziza n'avait fait que cueillir le fruit d'une excitation qu'elle n'avait pas déclenchée. Il se sentait quand même mieux. Endolori, groggy, mais l'esprit clair...

Stanley Hurd surgit quelques instants plus tard, une bouteille de cognac Gaston de Lagrange X.O. dans une main et un verre dans l'autre.

– Ça va vous remonter, dit-il.

Malko trempa ses lèvres dans le liquide ambré tandis que l'Américain allumait une Lucky Strike et s'asseyait près du lit.

– Vous vous sentez mieux ?

– Merveilleusement ! dit Malko.

L'Américain consulta sa montre.

– Il est à peine onze heures. Je prends une lampe, une arme et on file à Casa.

– Jawad est mort, objecta Malko.

– Il faut récupérer ce Beretta 92, fit l'Américain. En plus, nous découvrirons peut-être des indices intéressants. Vous vous sentez OK ?

– Ça peut aller, reconnut Malko en terminant son cognac.

– Prenez ce qu'il vous faut dans ma penderie et habillez-vous, conseilla Stanley Hurd. Pendant ce temps, je passe à l'ambassade emprunter une arme.

Malko commença à s'habiller. Stanley Hurd réapparut vingt minutes plus tard, portant un M.16 enveloppé dans une toile.

TUERIE À MARRAKECH   105

– C'est tout ce que j'ai pu trouver...

Heureusement, avec sa plaque diplomatique, il ne risquait pas d'être arrêté.

Malko se sentait encore faible et fut soulagé de ne pas avoir à conduire. Peut-être, après tout, allaient-ils découvrir des indices intéressants dans la galerie de la mosquée Hassan II?

CHAPITRE IX

De nuit, la mosquée Hassan II était encore plus impressionnante, éclairée par des dizaines de projecteurs et dressée au milieu de l'immense parvis désert. Seul, le bruit du ressac troublait le silence. La circulation était nulle sur l'avenue Moulay Ben Youssef. Avant de sortir la Buick, Stanley Hurd interrogea Malko du regard.

– C'est peut-être un peu idiot de prendre le M.16, non?

– Je ne pense pas qu'ils nous aient attendus. Les policiers qui surveillent les parkings s'ennuient, inutile d'éveiller leur intérêt.

Ils gagnèrent la promenade surplombant la plage où Malko avait échoué. En voyant la hauteur du mur de l'esplanade au-dessus de la mer, il se demanda comment il n'avait pas été tué sur le coup par sa chute... Heureusement qu'il y avait du fond.

Ils descendirent les marches menant au niveau de la galerie. Ils étaient invisibles du parvis, mais Stanley Hurd attendit d'être engagé de quelques mètres pour allumer sa torche. Le faisceau lumineux éclaira le sous-sol vide, jusqu'au coude. Ils avancèrent en silence, la gorge nouée. Ensuite, la torche leur fit découvrir immédiatement un corps allongé à terre.

Stanley Hurd redressa la lampe qui leur révéla le fond de la galerie, une dizaine de mètres plus loin.

TUERIE À MARRAKECH
107

A part le cadavre de Jawad Benjelloun, elle était vide. Ils s'accroupirent à côté du malheureux Marocain. L'odeur du sang encore frais agressait les narines, écœurante...

Avec précaution, Malko fouilla les vêtements du mort, passant au fur et à mesure ce qu'il trouvait à Stanley Hurd. Ce fut vite fait, il n'y avait presque rien. Ils le tâtèrent sur toutes les coutures, puis l'Américain se mit en quête du Beretta 92. En vain.

Ils ne trouvèrent que les trois douilles tirées par Malko. Les assassins de Benjelloun avaient emporté l'arme. Stanley Hurd jura entre ses dents.

– *Shit*! Ça va faire une histoire du tonnerre de Dieu.

– Si vous m'aviez retrouvé, ici, la gorge ouverte jusqu'aux oreilles, cela aurait fait *aussi* une histoire du tonnerre de Dieu, remarqua perfidement Malko.

L'Américain ne répondit pas. Ils n'avaient plus rien à faire là. Malko jeta un dernier regard au cadavre presque décapité. Penser que cela s'était passé sous ses yeux! Presque sans bruit. Une mortelle caresse d'acier et ces deux jets de sang... Un professionnel de l'égorgement. Ils remontèrent à l'air libre, soulagés de quitter cette sinistre galerie. Les rues de Casablanca étaient vides, tout comme l'autoroute. Le préposé qui ramassa leurs dix dirhams au péage dormait debout. En arrivant à Rabat, Stanley Hurd conseilla à Malko :

– Essayez de récupérer. Je vous dépose au *Hyatt*. On se voit demain matin.

***

Un soleil éblouissant rendait le centre de Casablanca presque gai, en dépit de ses immeubles mal entretenus et de la circulation effarante. Jadis, toute cette partie de la ville était occupée par les Français qui avaient fait fortune. C'était un petit Paris. Les Marocains qui les

108   *TUERIE À MARRAKECH*

avaient remplacés avaient tout laissé à l'abandon et il n'y avait plus une seule boutique élégante.

Pourtant, les Mercedes et les BMW pullulaient, malgré des taxes démentes qui en rendaient le prix prohibitif pour les Marocains. Le Maroc était un pays pauvre plein de gens riches. La plus modeste des BMW coûtait vingt ans de salaire d'un fonctionnaire, mais même les taxis étaient des Mercedes.

Jaafar Benkirane, attablé à un café de l'avenue « A », en face d'une vaste foire aux puces, acheva son thé à la menthe. Toute la nuit, il avait été torturé par l'angoisse. En dépit des instructions précises, il avait à moitié raté sa mission. Certes, le traître était mort, mais l'Américain s'était enfui, à moins qu'il ne se soit noyé. Il se raccrochait à cet espoir et avait acheté *L'Opinion* dès l'aube, pour voir si on ne parlait pas d'une noyade accidentelle. Rien.

Pas un mot non plus de celui qu'il avait égorgé.

Avec la chaleur, son cadavre allait vite empester et on le trouverait avant la fin de la journée.

Il appréhendait le moment de rendre compte à Brahim. Ce dernier avait été formel : les deux hommes devaient mourir. Jaafar Benkirane s'en voulait. Il aurait dû prévoir le réflexe désespéré de sa future victime. Il avait ensuite commis une autre faute. Craignant que les policiers en faction sur l'esplanade n'aient entendu les coups de feu, il s'était enfui avec ses complices, sans même vérifier si l'homme remontait à la surface. Resté sur place, il aurait pu l'achever sur la plage, lorsqu'il aurait abordé.

Il chercha dans son carnet le numéro qu'il devait appeler à Rabat à dix heures. Toujours d'une cabine téléphonique. Comme il était en avance, il alla à pied jusqu'à l'avenue El Jadida, et utilisa une nouvelle cabine. Brahim répondit tout de suite. Jaafar prononça la phrase code. Son interlocuteur lui répondit et demanda aussitôt :

TUERIE À MARRAKECH

– Tout s'est bien passé, *khai* Jaafar? La radio ne parle de rien.

Jaafar avale péniblement sa salive.

– Non, *khai* Brahim, avoua-t-il. L'Américain s'est échappé.

– Jawad lui avait parlé?

– Non.

– Tu es sûr?

– *Wallah*! (1)

D'une voix tremblante, il fit le récit des événements à son « émir ». Brahim eut une exclamation soulagée et le rassura dès qu'il eut terminé.

– C'est ennuyeux, mais ce n'est pas grave. Tu t'es bien débrouillé, cet homme était armé, il aurait pu te blesser ou te tuer...

Jaafar réalisa qu'il n'y avait même pas pensé. En bon combattant du Djihad, il se sentait invulnérable.

– Qu'est-ce que je dois faire? demanda-t-il.

– Continuer ta mission, précisa Brahim. Tu n'as plus rien à faire à Casablancha. Continue ta route jusqu'à Marrakech avec « Youssef ». Dès que tu seras installé, préviens-moi à l'heure habituelle, à l'autre numéro. Le moment approche de frapper les impies et les sacrilèges. Que Dieu te protège.

– *Khai* Brahim, demanda humblement Jaafar, ne peux-tu me dire maintenant qui je dois frapper à Marrakech? J'ai toujours peur que nous ne puissions plus communiquer.

– *Khai* Jaafar, répliqua Brahim d'une voix douce, imagine – *Allah Ye Hafdhak* (2) – que tu te fasses prendre maintenant... On ne sait jamais, un accident, un imprévu, une dénonciation. Les policiers de la Sûreté nationale te tortureront à mort pour savoir à quoi sont destinées les armes que tu transportes, n'est-ce pas?

---

(1) Je le jure sur Dieu.
(2) Que Dieu t'ait en Sa Sainte Garde.

– C'est juste, *khai* Brahim, mais je leur dirai qu'elles sont destinées à nos frères algériens, répondit avec fermeté Jaafar.

– Bien sûr, mais ils ne te croiront peut-être pas. Tandis que même – *Allah Ye Hafdhak* – s'ils te torturent de la façon la plus horrible, tu ne pourras pas donner d'autre réponse. Puisque tu ne sais rien...

Jaafar médita quelques secondes cette vérité évidente.

– C'est vrai, reconnut-il. Tu es très sage, *khai* Brahim.

– S'il t'arrivait malheur, conclut Brahim, la mission sera quand même accomplie et la police marocaine ne pourra prendre aucune contre-mesure... Inch Allah.

– Inch Allah, répéta mécaniquement Jaafar.

Après avoir raccroché, il s'éloigna vers le quartier de Am Chok où il résidait. Il était fier d'obéir à un tel « émir ». Il ne lui restait plus qu'à gagner Marrakech.

**
*

Un silence lourd régnait dans le bureau spartiate de Stanley Hurd, parfumé par des Lucky Strike fumées par le chef de station de la CIA au Maroc. La Sûreté nationale avait retrouvé le cadavre de Jawad Benjelloun, signalé par les employés du nettoyage. Grâce à ses contacts avec ses homologues locaux, l'Américain en savait un peu plus que la radio...

Jawad Benjalloun était considéré comme une planche pourrie, mangeant à tous les rateliers. Avec stupéfaction, la DST marocaine avait découvert qu'il informait aussi, à leur insu, la DGED, le service concurrent. Avec la CIA, cela faisait trois « clients »...

– Il y en avait un quatrième, conclut Stanley Hurd : celui qui l'a fait assassiner. Des islamistes du FIS ou du GIA. La façon dont il a été liquidé évoque les islamistes.

TUERIE À MARRAKECH

Malko but un peu de son thé à la menthe.

– Nous, nous *savons* qu'il a été liquidé par des islamistes. Et nous savons même pourquoi.

– C'est sûr, approuva Stanley Hurd. Les assassins sont liés à l'homme de la photo de Peshawar, ce qui donne à réfléchir. Cette photo a été prise à des milliers de kilomètres du Maroc. Nous ignorons tout de l'homme qu'elle représente, sinon qu'il s'agit d'un fondamentaliste marocain. Brahim est sûrement un pseudonyme.

– Jawad Benjelloun est peut-être la seconde personne assassinée à cause de cette photo... avança Malko.

L'Américain se renfrogna aussitôt :

– Ne revenez pas sur cette affaire du vol 440. Vous connaissez mon opinion. C'est un crime passionnel.

Malko n'insista pas, revenant au meurtre de la veille :

– Si Jawad Benjelloun leur a parlé avant de mourir, ils savent que ce document est entre nos mains et que nous pouvons le communiquer à nos homologues marocains, remarqua-t-il.

– Ce que je vais faire, confirma Stanley Hurd.

– Bien sûr, et ils ne peuvent pas l'empêcher. Donc, ce « Brahim » n'est pas fiché par les Marocains, pas plus que par nous. Mais il se trouve probablement au Maroc. Sinon, on ne se donnerait pas autant de mal pour éliminer ceux qui représentent un danger pour lui. Enfin, troisième élément, Jawad Benjelloun le connaissait.

L'Américain tira sur sa cigarette avec un sourire ironique.

– Je suis d'accord avec vous, Malko. Nous avons donc un « profil » plus précis de ce « Brahim ». C'est un islamiste, il se trouve au Maroc, non fiché, mais en rapport avec Benjelloun.

– Vous n'avez rien sur Benjelloun dans les derniers mois? interrogea Malko. Il n'était pas en contact avec des gens du FIS ou du GIA?

– Il était allé à Tanger, il y a quelque temps. Dans le Rif. Il y a beaucoup de trafic d'armes dans le coin, au profit du GIA surtout. J'ai examiné tout ce que nous avons trouvé dans les poches de Benjelloun. Il n'y avait pas de carnet d'adresses. Les assassins l'auront pris.

– Il faudrait interroger sa famille...

– Ne vous faites pas d'illusion. Sa femme est une grosse vache à qui il ne disait rien. Aux Marocains aussi, il a forcément dissimulé ses contacts avec les islamistes...

– Il y a un élément que nous négligeons, compléta Malko. Ce mystérieux « Brahim » dispose d'une logistique importante pour avoir pu organiser un meurtre à Casablanca. Je n'ai pas vu mes agresseurs, mais c'étaient des hommes entraînés. Des tueurs de sang-froid.

Stanley Hurd, visiblement soucieux, caressa ses cheveux plats.

– Sûrement ce groupe « Al Khatib al Maout » découvert par John Melrose, complètement inconnu des Marocains et de nous, implanté au Maroc et se préparant à y commettre des attentats... Je vais prévenir mes homologues marocains de la DST, annonça l'Américain. J'appelle Basri.

Il se leva et alla téléphoner. Il y eut une courte conversation, puis il raccrocha.

– Nous allons déjeuner avec Moulay Afouani, le numéro 2 de la DST. Il a très envie de *nous* voir.

– Moi aussi?

– Oui. Ils ont repéré votre présence ici et cela les intrigue.

– Qu'est-ce qu'on leur dit?

– Tout. Enfin *presque* tout.

**
*

Moulay Afouani avait le teint très mat, les pommettes hautes, des yeux chassieux, un long nez, et reniflait

TUERIE À MARRAKECH

toutes les cinq minutes comme un porc. Ils s'étaient installés dans un coin tranquille à la terrasse du restaurant du *Hyatt*, en bordure des jardins, à l'écart des oreilles indiscrètes. Connaissant ses goûts, Stanley Hurd lui avait commandé d'autorité un Defender. Le *Hyatt* était un des rares endroits de Rabat où un musulman pouvait boire un whisky en public.

Le policier marocain posa sur la table la photo remise par Stanley Hurd.

– Je ne connais aucun islamiste important correspondant à ce physique. Il ne doit pas vivre au Maroc. *Nos* islamistes sont très surveillés. Sa Majesté est très concernée par ce problème.

Il avait raison...

– Vous avez enquêté sur Jawad Benjalloun ?

L'homme de la DST eut une mimique de dégoût.

– C'était un *zahouali* (1). Il travaillait pour tout le monde. Je ne le vois pas en possession de secrets d'Etat.

– Pourtant, on l'a égorgé hier, remarqua Malko. Uniquement pour qu'il ne puisse reconnaître l'homme sur cette photo...

Moulay Afouani secoua la tête.

– C'est ce que vous pensez, mais cela peut être une affaire de mœurs, de drogue ou d'argent...

Malko échangea un regard avec Stanley Hurd. La DST marocaine se refusait à admettre qu'un groupe islamiste dangereux ait pu s'implanter au Maroc au nez et à la barbe de son service. Le policier se tourna vers Malko et dit finement :

– Je sais ce que vous pensez. Mais il vous a peut-être bluffé pour vous extorquer de l'argent...

– Celui qui l'a égorgé ne bluffait pas, remarqua froidement Malko.

Le Marocain eut un geste évasif signifiant qu'il ne

(1) Un minable.

fallait pas tirer de conclusions hâtives de ce meurtre.
Malko, agacé, revint à la charge.

– Cela fait deux incidents graves probablement liés à
cette photo. Le Boeing 737 où se trouvait John Melrose
a explosé en vol et maintenant...

Moulay Afouani hocha la tête, avec un sourire
onctueux, tandis que Stanley Hurd manifestait silencieusement son désaccord.

– Non, non, l'avion, ce n'est pas certain du tout.
Notre commission d'enquête a conclu à un accident
banal. Une porte de soute mal fermée. Il n'y a pas eu
d'attentat.

Stanley Hurd du coup lui adressa un sourire
dépourvu d'aménité.

– Moulay, vous savez bien que votre commission, si
on le lui avait ordonné, aurait conclu qu'il avait été
heurté par une soucoupe volante. Moi, j'ai parlé aux
techniciens de Boeing : ce foutu avion s'est désintégré
en vol, victime d'une explosion criminelle...

Le policier marocain baissa la tête avec un sourire
d'excuse. Il n'était pas psychorigide, mais, étant donné
sa position, il lui était impossible d'avouer la vérité.
Comme les officiels algériens continuaient à proclamer
qu'il n'y avait rien en Algérie qui ressemble à une
guerre civile... C'était un dialogue de sourds. Moulay
Afouani renifla trois ou quatre fois, puis empocha la
photo.

– Je vais encore essayer de découvrir qui est cet
homme, promit-il, mais c'est difficile s'il ne se trouve
pas au Maroc. Il faudrait un peu plus de détails.

Il vida d'un trait ce qui restait de son scotch Defender et se leva. Stanley Hurd le suivit des yeux.

– Ils sont paniqués, conclut-il. Les islamistes, ici,
c'est un sujet tabou. Le roi Hassan II s'est arrangé pour
les museler en souplesse, tout en donnant à son pays
une façade islamiste suffisante pour ne pas donner prise
à ses adversaires. Le drame, c'est que nous en savons
plus qu'eux, grâce au tuyau recueilli à Peshawar par ce

pauvre John, et à cette photo... Mais ce n'est pas assez. Quelque chose est en train de bouillir sous notre nez et va nous péter à la gueule. Le Maroc est très important dans notre stratégie en Orient. S'il était déstabilisé, cela serait un véritable séisme.

– Comment continuer cette enquête? demanda Malko. Nous n'avons aucune piste pour retrouver les assassins de Jawad Benjelloun. Ce sont des fantômes sans identité. Apparemment, les Marocains ne sont pas mieux armés que nous... Sinon, ils auraient déjà retourné chaque pierre à Casablanca.

Stanley Hurd eut une moue désabusée.

– A propos, observa avec une certaine ironie Malko, vous avez changé d'avis sur l'explosion du vol 440?

– Pas du tout! fit l'Américain. Je continue à croire qu'il s'agit d'une vengeance *personnelle* du général Slimane Smaïn, mais ce n'est pas un accident. C'est un sabotage délibéré. Il le sait.

L'Américain demeura un long moment silencieux. On sentait que ce qu'il avait à dire avait du mal à sortir. Finalement, il dit de mauvaise grâce :

– Dans ce cas, essayez de savoir ce qu'a fait John Melrose à Marrakech, les jours précédant sa mort. Mais c'est un *very, very long shot...* (1) Je n'y crois pas beaucoup.

_____
(1) Une très mince possibilité.

CHAPITRE X

Malko n'eut pas le mauvais goût de manifester sa satisfaction. C'est toujours agréable qu'on vous donne raison. Or, en dépit de l'habillage des propos de Stanley Hurd, il sentait bien que les certitudes de l'Américain commençaient à être ébranlées. L'envoyer à Marrakech enquêter sur les derniers jours de John Melrose signifiait revenir sur le sabotage du vol 440 de la RAM. Même si ce n'était pas dit.

Depuis le début de l'affaire, la conviction intime de Malko était que le nœud de l'histoire se trouvait à Marrakech, même s'il n'arrivait pas à comprendre comment. D'une voix volontairement neutre, il répliqua :

– Cela me paraît maintenant la seule piste à explorer. Avez-vous eu un contact avec Dalila Villanova ?

– Aucun. Mais je n'ai pas cherché à en avoir.

– Vous avez un *stringer* à Marrakech ?

L'Américain fit la moue.

– Si on veut. Un type qu'on utilise pour les petits boulots faciles, planques, guide, interprète : Saïd Boukala. Je vais vous donner son adresse, il n'a pas le téléphone...

Il alla prendre un carnet dans son coffre et nota les coordonnées du *stringer*, que Malko empocha. Ce dernier enchaîna :

TUERIE À MARRAKECH

– Normalement, Dalila Villanova ne sait pas que le Boeing 737 s'est écrasé à cause de l'explosion d'une bombe ?

– Je ne pense pas, dit Stanley Hurd. Les Marocains ont donné une toute autre version et les journaux aussi.

– Pourquoi ?

– Vous revenez à vos fantasmes, ironisa l'Américain.

– Je suis peut-être complètement à côté de la plaque, avoua Malko. Mais j'ai l'intention de tirer *tous* les fils.

– Bonne chance, fit Stanley Hurd. Soyez prudent. Je n'ai plus d'arme à vous donner. Mais à Marrakech, à part les coups de griffe, vous ne risquez pas grand-chose.

Un ange passa, serré dans une guêpière aussi blanche que ses ailes...

Malko ne déterra pas la hache de guerre. Il y avait plus urgent. A peine hors de l'ambassade, il fonça au *Hyatt* faire sa valise. Il avait hâte de se retrouver à Marrakech. Au moment où il quittait sa chambre, le téléphone sonna. C'était la voix douce de Lamia :

– J'ai vu que ce porc de Benjelloun s'était fait couper la gorge, dit-elle. Il l'a mérité !

– Vivant, il m'était plus utile, déplora Malko. Je n'ai plus rien à faire à Rabat.

– Tu quittes le Maroc ! Sans me dire au revoir ? s'indigna-t-elle.

– Non, je pars pour Marrakech.

La jeune Marocaine eut une exclamation joyeuse.

– Moi aussi ! Mon fiancé m'emmène à *La Mamounia*. Il y a un grand mariage à la fin de la semaine. Où descends-tu ?

– A *La Mamounia* aussi.

– Super !

Sa joie fut de courte durée. D'une voix plus calme, elle continua :

– Si tu me croises, tu ne me sautes pas au cou. Mon

fiancé est un des neveux du roi, et jaloux comme un tigre. En plus, il me croit vierge!

Malko faillit s'étouffer.

– Vierge!

Lamia éclata de rire.

– Je *suis* vierge. Depuis exactement huit jours. J'ai un copain chirurgien à Casa qui refait des hymens. Il en fabrique dix par semaine et gagne beaucoup d'argent... Moi, c'est le quatrième qu'il me reconstitue. C'est pour cela que je n'ai pas fait l'amour avec toi, l'autre jour.

Abasourdi, Malko demanda :

– Mais comment ton fiancé peut-il croire cela?

– Je suis une fille de *très* bonne famille, expliqua fièrement Lamia. Normalement, j'aurais dû me marier vierge. Tu ne connais pas ce pays! Les hommes sont très machos, mais incroyablement naïfs aussi. Il suffit de prétendre que tu n'as jamais voulu donner ton pucelage pour qu'ils soient comme fous... Même si tu as fait jouir des tas d'hommes dans ta bouche ou si tu leur as donné tes fesses.

– Quel intérêt?

Lamia ronronna.

– Pour que je me donne à lui, il va me couvrir de bijoux et peut-être m'offrir une maison dans la palmeraie, avec les meubles. Quand j'étais à Paris, j'ai vu des créations inouïes de Claude Dalle. Une table avec des pieds en lapis-lazuli. Un buffet avec des colonnes en malachite. Comme chez le roi! Au Maroc, tu n'as pas réussi si tu n'as pas une maison dans la palmeraie à dix millions de dirhams...

– Tu pourrais aussi te faire épouser? suggéra-t-il.

– Jamais. Je n'ai pas envie de me retrouver enfermée, habillée jusqu'aux chevilles. Tu ne connais pas les Marocains.

Malko allait de découverte en découverte.

– Mais le reste, en dehors de ta virginité, cela ne te tente pas?

TUERIE À MARRAKECH

– Si, bien sûr, reconnut-elle. Mais avec de l'argent, tu peux te faire sucer par des putains ou les enculer, pas avoir le pucelage d'une fille de bonne famille. Moi, quand j'aurai assez d'argent, je quitterai le Maroc, ou j'épouserai un étranger. Toi, si tu veux... Mais à Marrakech, ne me regarde même pas. Si Abdallah soupçonnait que je connais un étranger, il me considérerait comme une putain.

– Bonne chance, conclut Malko, je ne ferai rien pour entraver ton ascension sociale!

– Salaud! lança Lamia de sa voix fluette.

Un quart d'heure plus tard, Malko était sur l'autoroute de Casablanca, roulant sagement à 120 à l'heure. Inutile de perdre du temps avec les gendarmes avides de bakchichs.

**

« Youssef » conduisait, Jaafar somnolait à côté de lui. La route de Casa à Marrakech était uniformément plate, sauf les cinquante derniers kilomètres un peu vallonnés. L'Atlas commençait plus loin au-delà de Marrakech. Les deux hommes avaient déjà parcouru les trois quarts de la distance. Ils approchaient de Ben Guerir, une petite bourgade perdue au milieu des premiers contreforts de l'Atlas. Un policier détournait la circulation à l'entrée du bourg, car une fête populaire obstruait l'artère principale. Youssef suivit sagement les déviations. A la sortie, il accéléra pour reprendre sa vitesse de croisière. Il n'avait pas parcouru cinq cents mètres qu'il poussa une exclamation en regardant dans le rétroviseur.

– *Chouf!* (1)

Jaafar se retourna aussitôt. Deux motards de la gendarmerie les avaient pris en chasse.

_____

(1) Regarde!

120   TUERIE À MARRAKECH

– Qu'est-ce qu'on fait? demanda Youssef devenu gris.

– Tu t'arrêtes, tu leurs montres tes papiers et tu leur donnes le bakchich. Ça ne devrait pas dépasser 30 dirhams.

Il se sentait protégé par Allah. Brahim l'avait littéralement envoûté. Il était prêt à obéir au doigt et à l'œil à son « gourou », certain que rien ne lui arriverait...

Trente secondes plus tard, les motards s'arrêtaient devant leur voiture. L'un d'eux, un colosse moustachu, interpella Youssef.

– Tu allais à 80. La vitesse est limitée à 50!

Un camion passa dans un fracas du tonnerre. A part quelques poids lourds, il y avait peu de circulation. Youssef arbora un sourire niais.

– Je n'avais pas vu les panneaux...

– Donne-moi ton permis, intima le gendarme.

C'était pour éviter les discussions oiseuses. On rendait le permis contre le bakchich. Youssef tendit son permis au gendarme qui le glissa dans la poche de sa chemise grise. Maintenant, la discussion pouvait commencer. Pour les gendarmes, les contraventions payées sur-le-champ représentaient un supplément appréciable à leurs 1 200 dirhams mensuels, qui permettaient tout juste de ne pas crever de faim...

A titre préventif, Youssef annonça d'une voix geignarde :

– Je suis pauvre... Je n'ai pas beaucoup d'argent.

Le gendarme désigna la vieille Renault 21 d'un index accusateur.

– Tu as une voiture et l'essence coûte cher... Où vas-tu?

– A Marrakech.

– Pourquoi?

– Assister au mariage d'un cousin...

– Et ton copain?

– Pareil.

TUERIE À MARRAKECH 121

Le second gendarme tournait autour de la voiture. Il examina le coffre fermé avec de la ficelle et du fil de fer.

— Vous avez beaucoup de bagages... remarqua-t-il d'un air suspicieux.

— On reste longtemps, prétendit Youssef, de plus en plus paniqué.

— Ouvre donc ton coffre.

A son avis, il était tombé sur un contrebandier de kif. Une juteuse occasion de se faire un peu d'argent. Couvert de sueur, Youssef défit les fils de fer retenant le couvercle du coffre, découvrant un fouillis de cartons et de valises. Le gendarme nota son air paniqué.

— Tu n'aurais pas de la *k'wifa*(1) là-dedans? demanda-t-il. Sors-moi tout ça.

Youssef commença à vider le coffre, jetant des coups d'œil désespérés à Jaafar qui s'était mis à lire ostensiblement le Coran... Son cœur battait de plus en plus vite. Si seulement, il avait pu se concerter avec son « émir ». Le coffre vidé, le gendarme repéra deux caissons de chaque côté, comme des boîtes à outils.

— Qu'est-ce qu'il y a là-dedans?

Youssef se décomposa.

— Rien, prétendit-il. C'est la carrosserie.

Intrigué, le gendarme se pencha à l'intérieur du coffre et commença à secouer le panneau de bois qui se détacha facilement, laissant apparaître un paquet de toile grise fermé par du Scotch noir.

— Qu'est-ce que c'est? lança-t-il.

Il n'entendit jamais la réponse.

De l'intérieur de la voiture, Jaafar avait surveillé ses faits et gestes. Dès qu'il l'avait vu s'intéresser au coffre, il avait fermé le Coran et était descendu de la voiture, comme pour se dégourdir les jambes, tandis que le grand gendarme attendait, appuyé à la carrosserie, que

(1) Haschisch.

son subordonné ait terminé sa fouille. Au moment où ce dernier interpellait Youssef, il sortit son pistolet automatique dissimulé sous sa veste et, sans hésiter, ajusta le gendarme penché sur le coffre. La détonation fit sursauter les deux autres. Touché au flanc, le gendarme parvint à se redresser. Ce fut pour recevoir un second projectile, tiré en pleine tête. Son collègue, stupéfait, voulut arracher de son holster son arme de service. Il n'en eut pas le temps.

Le bras tendu, comme on le lui avait appris en Afghanistan, Jaafar tira trois fois, visant la poitrine. Le gendarme tituba et s'effondra sur le sol, perdant son casque au passage.

Youssef demeurait pétrifié, assourdi par les détonations. Jaafar lui jeta :

— Vite, il faut remettre les bagages dans le coffre.

Posant le pistolet sur le toit de la Renault, il se précipita pour l'aider. Heureusement, aucun véhicule n'était passé pendant le double meurtre... Un camion passa à toute vitesse, venant de Marrakech. Youssef tremblait de tous ses membres. A peine le coffre fermé, il se rua au volant et démarra, laissant à Jaafar à peine le temps de remonter.

Dans le rétroviseur, il aperçut les corps des deux gendarmes, nettement visibles. Ils n'avaient pas parcouru un kilomètre que Jaafar se tâta fébrilement et poussa une exclamation furieuse.

— Où est le pistolet ?

Youssef tourna vers lui un visage affolé.

— Je ne sais pas, c'est toi qui l'avais.

Jaafar mit quelques secondes à réaliser que l'arme était restée sur le toit et était sûrement tombée lors du démarrage brutal de Youssef.

— Il faut retourner en arrière, dit-il. Le pistolet est tombé là-bas.

Youssef freina et fit demi-tour sur la route déserte. Son pouls était à 180. Il n'avait jamais eu aussi peur de

TUERIE À MARRAKECH 123

sa vie. Au Maroc, tuer un gendarme, c'était un billet pour la peine capitale, sans aucune chance de s'en sortir.

Trois cents mètres plus loin, il écrasa le frein, si violemment que la vieille Renault 21 aux pneus lisses fit une embardée.

– Il y a des gens! lança-t-il d'une voix tremblante.

Une voiture allant dans la même direction qu'eux venait de s'arrêter près des deux gendarmes abattus. Pas question de s'approcher.

– *Mektoub!* (1) soupira Jaafar. Refais demi-tour, mon frère.

Pied au plancher, Youssef reprit la direction du sud. Les deux hommes n'échangèrent pas un mot durant trente kilomètres. Puis un panneau apparut sur la droite : Bounaga, 3 km.

– Tourne là, ordonna Jaafar.

Youssef obéit, s'engageant dans une piste non goudronnée qui s'enfonçait perpendiculairement à la route de Marrakech dans le désert. Ils traversèrent le village de Bounaga sans voir personne et continuèrent vers l'ouest. Jaafar avait pris une carte routière et l'étudiait.

– Ils vont surveiller l'entrée de Marrakech sur la route du nord, expliqua-t-il. Nous allons contourner la ville et arriver par le sud.

La situation n'était pas si mauvaise. Aucun témoin ne pouvait les reconnaître et une fois qu'ils se seraient débarrassés des armes, ils se fondraient dans le million d'habitants de Marrakech. Aucun d'eux n'avait d'antécédent judiciaire et ils pouvaient parfaitement justifier leur présence à Marrakech. Des millions de travailleurs marocains vivaient à l'étranger et revenaient voir leur famille pour les mariages ou les enterrements. Jaafar interpella soudain Youssef d'une voix calme.

(1) C'est la fatalité!

— Arrête-toi, *khai* Youssef.

Celui-ci tourna vers lui un regard affolé.

— Qu'est-ce qu'il y a?

A perte de vue, il ne voyait que le désert.

— C'est l'heure d'*Al Asr* (1) annonça Jaafar avec simplicité. Nous avons plus que jamais besoin de la protection d'Allah le Tout-Puissant et Miséricordieux.

Youssef, subjugué par le calme de son « émir », n'osa pas lui dire qu'ils avaient aussi toute la police et la gendarmerie de la région aux trousses, et pas une seconde à perdre. Docilement, il arrêta la Renault et ils descendirent. Jaafar déroula avec soin le tapis de prière qui ne le quittait jamais sur le sol rugueux du désert, orienté, grosso modo, vers La Mecque.

Un casino avait poussé comme un gros bubon disgracieux à droite du perron abrité par une véranda de *La Mamounia*. Malko abandonna sa Mercedes au voiturier et pénétra dans le hall. Tout avait été refait depuis son dernier passage, mais le plus bel hôtel de Marrakech ressemblait toujours à un paquebot échoué au milieu de l'Atlas. Le créateur de l'entre-deux-guerres, Majorelle, y avait imprimé à tout jamais sa patte, mélange d'artisanat marocain et d'Art déco.

Lorsque l'hôtel avait été refait, trois ans plus tôt, c'est l'architecte d'intérieur Claude Dalle qui avait créé la plupart des lits Art déco et quelques flamboyants lits à baldaquin Louis XV pour les suites les plus luxueuses.

Une fois dans sa chambre, Malko se rendit compte qu'il était un peu tard pour trouver le *stringer* de la CIA qui n'avait pas le téléphone et habitait dans le quartier neuf poussé au sud de la ville.

---

(1) La prière de 16 heures.

TUERIE À MARRAKECH

Il ne lui restait qu'à descendre dîner seul au *Bar du Soleil*, ou téléphoner tout de suite à Dalila Villanova. En ce qui concernait la maîtresse de feu John Melrose, il n'avait prévu aucun plan et se fiait à son instinct. Il ne l'avait même pas appelée de Rabat.

Finalement, il prit la ligne et composa le numéro de la jeune femme. Après quelques instants, une voix à l'accent arabe répondit.

— Madame Villanova? demanda Malko.

— De la part de qui?

— John Melrose.

— Je vais voir si madame est là, fit le domestique sans manifester aucune émotion.

Malko patienta un long moment avant d'entendre un bruit de hauts talons sur du carrelage, puis une voix un peu essoufflée fit « allô ».

— Madame Villanova?

— Oui. Qui êtes-vous?

Il y avait un mélange d'angoisse et d'exaspération dans sa voix.

— Je vous prie de m'excuser d'avoir donné le nom de John Melrose, fit Malko, je suis un de ses amis. Je viens d'arriver à Marrakech et je sais qu'il a passé plusieurs jours chez vous, juste avant sa mort. Cela me ferait plaisir de bavarder de lui avec vous.

Il y eut un court silence puis, avec un soulagement visible, Dalila Villanova lança :

— J'avoue que je ne comprenais pas... J'ai cru à une mauvaise plaisanterie. Pauvre John. C'est terrible ce qui lui est arrivé...

— Terrible, fit Malko en écho. Je crois que vous étiez très proche de lui...

— Bien sûr. Je le revois encore le matin de son départ. Il me disait qu'il avait hâte de revenir...

— Marrakech est une ville très attachante.

— Très. Où êtes-vous descendu?

— A *La Mamounia*.

– Vous avez des projets pour ce soir?
– Non.
– Alors, venez donc à la maison. Je vous envoie mon chauffeur vers neuf heures, sinon vous auriez du mal à trouver.

CHAPITRE XI

« *Mein Gott*, qu'elle est belle! » se dit Malko.

Après avoir baisé une longue main brune et parfumée, il se redressa, plantant son regard dans les grands yeux noirs et farouches de Dalila Villanova, maquillée comme la Reine de Saba. Tous les canons de la beauté orientale explosaient en elle. Le nez fin et droit surmontant une large bouche charnue dessinée comme au pinceau, les longs cheveux d'un noir de jais tombant sur les épaules. Elle portait un caftan bleu électrique décolleté en carré qui laissait deviner une poitrine pleine au-dessus d'une taille dont Malko aurait pu faire le tour avec ses deux mains. Lorsqu'elle se retourna, il découvrit, saillant sous le caftan bleu, une croupe digne de séduire le Prophète. Il se souvint fugitivement de ce que Lamia lui avait dit des goûts des Marocains. Dalila avait dû avoir une virginité très prolongée...

– Entrez, monsieur Linge, fit-elle d'une voix musicale. Je suis heureuse de vous accueillir.

Ils débouchèrent dans un patio carré au sol de mosaïque délicatement travaillé, éclairé par des torchères. Jamais Malko n'aurait pu trouver seul la maison, en plein cœur de la médina, au fond d'une étroite ruelle en pente. Pour y arriver, Malko avait dû traverser un labyrinthe de ruelles étroites, bordées de centaines d'échoppes, des souks, où la grosse Mercedes passait parfois de justesse, frôlant les murs de guingois. Au milieu des maisons de pierres sèches, s'ouvrait parfois l'entrée de demeures somptueuses, secrètes, invisibles de l'extérieur. Les maisons serrées les unes contre les autres, dotées de rares ouvertures sur les ruelles, communiquaient par leurs toits en terrasse, à tous les niveaux. Là battait le cœur de Marrakech. Riches et pauvres y cohabitaient, baignés dans l'odeur des épices des souks, au milieu du grouillement des porte-faix, des femmes en longs caftans, des innombrables touristes.

En poussant une porte, on ne savait jamais ce qu'on allait découvrir : une demeure misérable ou un palais. Défendue par une grosse porte en bois sombre et massif clouté de cuivre, la maison de Dalila était entourée de taudis misérables. Malko laissa son regard errer sur les galeries extérieures des trois étages, puis pénétra derrière Dalila dans le salon. Un véritable musée. Tout était décoré avec un goût exquis, des objets les plus raffinés de l'artisanat marocain aux meubles syriens incrustés de nacre. Partout, des canapés profonds, des poufs, des coussins, des tapis, des lampes aux abat-jour multicolores, des tables basses chargées de bibelots...

Un couple était déjà là. La femme, une fausse rousse aux cheveux courts, en chemisier presque transparent, et au nez visiblement refait; l'homme, massif, portait d'énormes lunettes qui lui donnaient un regard de chouette.

– M. et Mme Marwan, les présenta Dalila. Ils élèvent des moutons. Beaucoup de moutons... M. Linge était un ami de ce pauvre John Melrose.

Les Marwan hochèrent la tête avec une tristesse convenue. Un domestique en gants blancs apparut avec une bouteille de Taittinger Comtes de Champagne Blanc de blancs 1986 et remplit quelques verres. Le champagne était frappé et l'éclairage tamisé adoucissait les traits des femmes. Malko remarqua que Dalila avait des cernes noirs sous les yeux, comme après une insomnie. Elle semblait toujours en mouvement, incroyablement gracieuse et sensuelle. John Melrose

TUERIE À MARRAKECH

avait vraiment bon goût. Le caftan glissait sur ses courbes, à la fois pudique et provocant.

– Nous allons à Paris prendre le Concorde Air France pour New York, la semaine prochaine, annonça Mme Marwan. Il paraît que c'est une expérience unique.

– Unique, confirma Malko. L'Atlantique en trois heures! Et, pour le retour, c'est encore mieux, on ne sent pas le décalage horaire.

La conversation roula sur l'agriculture et la politique... jusqu'à ce que Dalila se tourne vers Malko et demande :

– Vous étiez donc un ami de John...

– Pas tout à fait un ami, rectifia Malko, prudent. Nous nous sommes croisés à différentes reprises et nous avons sympathisé. C'était un homme merveilleux, il aimait tellement la vie.

Les yeux noirs de Dalila ne le lâchaient pas.

– Quand l'avez-vous vu pour la dernière fois?

Malko avait prévu la question.

– Au Pakistan, précisa-t-il. A Peshawar, nous étions tous les deux au *Green Hotel*. Moi, je m'occupais d'un programme des Nations Unies pour les réfugiés. Lui travaillait pour le gouvernement américain. Il m'avait proposé de lui rendre visite au Maroc. Hélas...

Un ange bien élevé passa dans un silence de mort.

Dalila Villanova baissa ses grands yeux sombres. Malko avait l'impression qu'elle était mal à l'aise, pour une raison qu'il ignorait. Le souvenir de son amant disparu, peut-être... A son tour, il demanda :

– Il a passé ses derniers jours ici, avec vous?

La jeune femme lui adressa un sourire plein de tristesse, où perçait autre chose de plus trouble.

– J'étais très amoureuse de John, avoua-t-elle. Il venait le plus souvent possible passer des « lunes de miel » dans cette maison. Nous ne sortions guère...

Manière élégante de dire qu'ils passaient leur temps à faire l'amour. Son regard était de nouveau planté dans celui de Malko et il lui sembla qu'elle le provoquait. Les deux autres étaient hors-jeu.

– A table! proposa-t-elle.

Ils se retrouvèrent dans une salle à manger ronde, aux murs décorés de tableaux orientalistes. Les inévitables tajines d'agneau arrivèrent, arrosés par un Taittinger Comtes de Champagne rosé, 1985. Dalila Villanova savait vivre et possédait les moyens de vivre luxueusement. Aux tajines succéda le couscous aux sept légumes, puis un délicat feuilleté léger comme un flocon de neige qui se mangeait avec les doigts. Dalila ne touchait pas les plats. Chaque fois que Malko tournait la tête dans sa direction, il rencontrait son regard fixé sur lui. Le dîner se termina sans qu'on reparle de John Melrose, la conversation roulant sur la place du Maroc dans le Maghreb. Ils se retrouvèrent dans le salon, on servit les liqueurs. Dalila se fit confectionner une Margarita en précisant : tequila et Cointreau à parts égales; l'éleveur de moutons un *long drink* à base de Gaston de Lagrange; sa femme se contenta de Perrier, tandis que Malko continuait au Taittinger Comtes de Champagne rosé. Puis, Dalila Villanova, enfoncée dans un sofa, alluma une Lucky, son caftan fendu sur la cuisse découvrant haut une jambe fuselée. Aucun bruit de l'extérieur ne franchissait les murs épais. Ils auraient pu se croire dans un fort isolé en plein Sahara et non au cœur d'une ville d'un million d'habitants. Comme le silence devenait pesant, Malko remarqua :

– Vous avez une demeure somptueuse...

Dalila le remercia d'un sourire.

– C'était un « riad » en ruines. J'ai mis trois ans à en faire un lieu habitable. J'ai dû racheter des maisons alentour pour récupérer des boiseries, j'ai couru partout pour les meubles, en Inde, en Syrie, au Liban, en France. J'ai pris les conseils et certains meubles de l'architecte d'intérieur Claude Dalle qui a été d'une aide précieuse. C'est lui qui a créé cette table basse suppor-

TUERIE À MARRAKECH
131

tée par deux aigles en bronze doré. Maintenant, je m'y plais.

– Vous vivez seule ici?

Une ombre de tristesse bien dosée passa dans ses prunelles noires.

– Je suis veuve, hélas. C'est mon mari qui avait trouvé cette maison. J'ai voulu être fidèle à sa mémoire en la reconstruisant, mais parfois, c'est vrai, je me sens un peu perdue dans toutes ces pièces. Vous voulez la visiter?

– Avec plaisir. (Il se tourna vers les Marwan.) Vous nous accompagnez?

L'éleveur de moutons déclina l'offre avec un sourire poli :

– Non, non, nous connaissons déjà. Allez-y.

Dalila était déjà debout. Malko, ne voulant pas être plus royaliste que le roi, en fit autant. Il se demandait pourquoi Dalila l'avait invité avec le couple. Apparemment, le dîner avec eux était déjà prévu. Il avait l'impression que leur présence avait arrangé la jeune femme, lui évitant de se lancer dans une conversation trop intime.

Elle ouvrit la porte d'un ascenseur à la cabine si exiguë qu'ils durent pratiquement s'appuyer l'un contre l'autre... Le parfum de Dalila était si fort qu'elle semblait s'en être arrosée. Malko visita des chambres toutes plus belles les unes que les autres, des salons remplis d'objets de collection, une étonnante piscine au fond de céramique, véritable œuvre d'art, et ils finirent par la *master bed-room*, la chambre de la maîtresse de maison. Un immense lit laqué blanc, à la tête de lit cannelée en forme de cœur encastré dans une alcôve, trônait parmi des monceaux de tapis, des poufs et des sofas.

– Voilà encore une idée de Claude Dalle, dit la jeune femme en le désignant à Malko. C'est romantique, n'est-ce pas?

Il se retourna et croisa un regard provocateur qui se

détourna aussitôt. Puis, la tension retomba et Dalila dit avec un sourire.

– Ce n'est pas gentil de les laisser seuls trop longtemps...

Ils redescendirent. L'éleveur et son épouse bâillaient déjà. Lorsqu'ils se levèrent, Malko en fit autant. Dalila Villanova lui proposa son chauffeur pour le racompagner et lui offrit sa main à baiser.

– Si vous restez quelques jours à Marrakech, dit-elle, appelez-moi.

Installé sur les coussins de la Mercedes, il regarda défiler les ruelles sombres de la médina. Quel changement en deux heures! Les boutiques avaient fermé, retranchées derrière leurs volets de bois, les passants avaient disparu, sauf quelques désœuvrés, on se serait cru dans une ville abandonnée. Il se sentait frustré. Sa visite ne lui avait strictement rien apporté. A cause de la présence des Marwan, il n'avait pas voulu engager une conversation sérieuse.

Tout ce qu'il retirait de cette soirée, c'est que Dalila Villanova était à des années-lumière de l'univers des islamistes. C'était peu et pas vraiment une surprise.

La piste qu'il avait privilégiée dans sa tête tournait court...

Un message fut remis à Malko avec sa clef : rappeler d'urgence Stanley Hurd chez lui. A peine dans sa chambre, il composa le numéro de l'Américain, à Rabat. Stanley Hurd décrocha immédiatement.

– On a retrouvé le Beretta 92 que vous aviez perdu avant-hier, annonça-t-il.

– Où?

– Sur la route de Casa à Marrakech. Celui qui s'en est servi a tué deux gendarmes marocains...

Il résuma à Malko l'incident de Ben Guerir et conclut :

TUERIE À MARRAKECH · 133

– Les deux gendarmes étaient morts quand on les a trouvés; il n'y a pas de témoins, mais un petit espoir quand même : ici, les gendarmes ont l'habitude de confisquer les permis de conduire des contrevenants qui ne paient pas l'amende sur-le-champ. A eux deux, les gendarmes assassinés en détenaient une douzaine. On est en train de vérifier les identités des conducteurs. Je serais étonné que cela donne quelque chose, mais c'est déjà si surprenant qu'ils aient abandonné le Beretta.

– En effet, reconnut Malko; donc ce tueur allait vraisemblablement à Marrakech...

– OK, OK, reconnut Stanley Hurd. Vous avez raison! Marrakech semble avoir un lien avec cette affaire. A propos, avez-vous déjà rencontré Dalila Villanova?

– J'ai dîné avec elle hier soir.

– Et alors?

– Pas grand-chose, nous n'étions pas seuls. Je compte la revoir. Tenter d'en savoir plus sur les derniers jours de John Melrose.

– Vous lui avez parlé du sabotage de l'avion?

– Je n'en ai pas eu l'occasion. Mais je le ferai.

– Quel sentiment en avez-vous retiré?

– Bizarre, avoua Malko. C'est une splendide garce, une allumeuse. Je comprends John Melrose. Mais une seule rencontre ne me permet pas de me faire une opinion. Je vais essayer d'en savoir plus.

– Par qui?

– Votre *stringer*.

Stanley Hurd éclata de rire.

– Cela m'étonnerait. Ils vivent dans deux univers si différents...

– J'ai mon idée! répliqua Malko.

Après avoir raccroché, il s'allongea, pensant à Dalila Villanova. Comment une femme dotée d'une telle personnalité pouvait-elle mener une vie aussi creuse?

Il devait s'avouer que sa visite lui laissait le sentiment diffus que, malgré son double veuvage, elle était disponible pour une aventure. Le fait que le, ou les assassins, de Jawad Benjelloun se rendent à Marrakech paraissait à première vue une coïncidence. Pourtant, depuis l'histoire de l'avion, un sixième sens disait à Malko que le nœud de cette affaire démarrée à Peshawar se trouvait ici, au pied de l'Atlas, dans cette ville secrète, cachée derrière ses hauts murs, qui avait toujours été un point de convergence pour les gens du Nord et du Sud. Mais il ne voyait pas quel rôle pouvait y jouer Dalila. Même sa liaison avec un général des Services algériens n'expliquerait pas un lien avec des intégristes, ennemis jurés du gouvernement d'Alger...

Faute de trouver le sommeil, Malko alluma la télévision, et regarda les actualités sur CBS News.

Accoudée au rebord du toit-terrasse dominant la médina, Dalila Villanova regardait les étoiles. Perturbée. Elle avait chassé de sa mémoire le souvenir de John Melrose, dont elle avait été sincèrement amoureuse. Cet inconnu surgi du néant l'intriguait. Elle ne croyait pas à la fable de la vieille amitié. John lui en aurait parlé. Il lui disait beaucoup de choses, y compris sur ses amis.

Alors, pourquoi cette étrange visite?

Il n'était pas venu à Marrakech par hasard. Etait-ce la curiosité? John Melrose lui avait peut-être parlé d'elle... Quelque chose lui échappait. Cet inconnu avait du charme, d'étranges yeux dorés et quelque chose en plus, de nonchalant et de dangereux. Comme John Melrose. Un homme accoutumé au danger... Elle avait envie de le revoir, tout en se disant qu'elle jouait peut-être avec le feu.

Une vague angoisse lui nouait l'estomac depuis la visite de cet inconnu. Comme elle ne se calmait pas, elle se décida brusquement à sortir. Elle redescendit dans sa chambre, ôta rapidement son caftan brodé et enfila une tenue de soie bleue : une veste, un pantalon et un foulard. Ainsi enveloppée de la tête aux pieds, elle ressemblait à un fantôme bleu, le visage en grande partie dissimulé par le foulard. Elle sortit sans bruit et se glissa dans la médina déserte.

Dix minutes plus tard, Dalila Villanova débouchait sur la place Jemaa-el-Fna, juste en face de la Koutoubia, la grande mosquée de Marrakech, hérissée d'échafaudages. Là, il y avait encore de l'animation. C'était l'endroit le plus vivant de Marrakech, une grande place rectangulaire où aboutissaient les ruelles des souks, où se produisaient bateleurs, danseurs, attractions de toutes sortes. Quelques charmeurs de serpents et autres baladins, leur attirail rangé, dormaient à même le sol, le long d'échoppes fermées, recroquevillés sous des couvertures. De vieux marchands d'eau, vêtus comme des fous moyenâgeux, agitaient leurs clochettes pour les derniers touristes. Des fiacres s'alignaient sur El Koutoubia. Agglutinés autour des cafés encore ouverts, à côté de la poste, les guides clandestins faisaient le bilan de la journée. Une lutte féroce et feutrée les opposait aux guides officiels, aux tarifs prohibitifs. Deux d'entre eux, dans un coin, se disputaient âprement avec un marchand des souks pour le partage d'une commission.

Dalila dépassa la poste, fermée bien entendu, pour se glisser dans une cabine jouxtant le bâtiment. Après avoir introduit sa carte de téléphone, elle composa un numéro à onze chiffres et attendit, le cœur battant.

Les oiseaux piaillaient dans les orangers, des chats errants se poursuivaient dans le jardin et le soleil brillait. La sonnerie du téléphone troubla cette ambiance idyllique.

La voix pleine d'excitation de Stanley Hurd éclata dans l'écouteur à l'oreille de Malko.

— Ils en ont identifié un! lança-t-il. Un de ceux qui ont tué Benjelloun et abattu les deux gendarmes.

— Comment cela?

— Son permis de conduire faisait partie de ceux trouvés sur le gendarme! Il a dû l'oublier dans la panique...

Les combattants de l'islam étaient des Branquignol... Malko n'en revenait pas.

— Qui est-ce? demanda-t-il.

— Pour le moment, on ne sait pas grand-chose de lui, avoua l'Américain. Il s'appelle Abdelkrim Tahrir. Marocain, vingt-sept ans, chômeur, vivant en Belgique. Aucun antécédent judiciaire. Grâce à son nom et à l'adresse donnée à l'Immigration à son entrée au Maroc, par Algérisas, on a retrouvé l'endroit où il a vécu à Casablanca... Il a débarqué avec trois amis, tous Marocains, tous « vierges », politiquement parlant, dans deux voitures. Deux sont partis tout de suite à Marrakech, les deux autres, dont Tahrir, sont restés quelques jours à Casablanca. Hébergés par des cousins, comme cela se fait beaucoup ici... Ils sont partis hier matin de Casa... Bien entendu, les parents qui les hébergeaient sont sur le grill. Mais les flics de la Sûreté auront beau leur arracher tous les ongles, je crois qu'ils sont hors du coup... Par contre, il y a deux bonnes nouvelles.

— Lesquelles?

— Caché parmi des affaires oubliées chez leurs cousins, on a découvert le carnet d'adresses de Jawad Benjelloun.

— Il y a des choses intéressantes dedans?

— On l'ignore encore, les Marocains sont en train de l'exploiter. Je pense pouvoir en obtenir une copie. J'espère qu'elle ne sera pas trop *lobotomisée*...

Malko jubilait intérieurement. Il avait eu tort de douter de son intuition. Marrakech était bien le centre de l'affaire.

— La seconde bonne nouvelle? interrogea-t-il.

— Ce n'en est pas vraiment une pour les Marocains, observa le chef de la CIA au Maroc. Ce sont des tracts

TUERIE À MARRAKECH

signés « Al Khatib al Maout » annonçant une campagne de terreur au Maroc, dirigés contre les étrangers.

Un ange passa, brandissant un Coran et une grenade. L'Algérie, l'Egypte et la Turquie faisaient des émules. C'était le tour du Maroc, pays vivant essentiellement du tourisme...

— Où a-t-on trouvé ces tracts?

— Chez les mêmes gens qui hébergeaient les assassins de Jawad Benjelloun.

Ainsi, John Melrose avait bien mis le doigt sur une opération importante, songea Malko. Mais tout tournait autour de ce mystérieux « Brahim ». Il était de plus en plus certain que son identification permettrait de tuer dans l'œuf cette tentative de déstabilisation.

— A vous de jouer, conclut Stanley Hurd.

— S'ils veulent frapper les étrangers, conclut Malko, Marrakech est en effet le lieu idéal. Il doit y avoir au moins une centaine d'hôtels, dont celui où je me trouve.

— Les Marocains sont prévenus, ils vont prendre les mesures nécessaires, affirma le chef de station de la CIA.

— Je le souhaite pour eux, conclut Malko. Avez-vous un signalement des membres de cette organisation?

— Assez vague, d'après les Marocains, le chef se fait appeler « Gulgudine », il est très costaud, cheveux ras, visage rond, pas de moustache, mais il louche. Il faisait de la gymnastique tous les matins. Celui qui se trouvait avec lui, Abdelkrim Tahrir, est plutôt longiligne, cheveux frisés, yeux globuleux, moustache, 1,80 m. Ils allaient tous les deux très souvent à la mosquée voisine et lisaient le Coran toute la journée. Les deux semblent assez frustes. Des robustes fanatiques et programmés.

Retrouver deux individus au signalement aussi vague au milieu d'un million d'habitants? Si Chris Jones avait été là, il aurait probablement conseillé d'aligner tous les habitants de Marrakech dans le désert et de les examiner un par un... Méthode fastidieuse, mais efficace.

— Laissons les Marocains s'occuper de cela, conclut Malko, je vais voir ce qu'on peut tirer de votre *stringer*.

Le désert commençait à la porte de Bab Amhar, au sud de la ville. A part le vieux quartier de Sidi Youssef Ben Ali, où habitaient la plupart des artisans travaillant pour les marchands des souks, seuls quelques quartiers modernes polluaient le désert. Malko se retourna, soulagé d'être sorti du véritable labyrinthe de murs ocre et crénelés englobant le centre de Marrakech.

Il continua tout droit vers l'ouest, laissant Sidi Youssef Ben Ali sur sa gauche. Après avoir demandé dix fois son chemin – à Marrakech, il n'y avait ni plan de la ville, ni noms de rues –, il tomba enfin sur le lotissement de Bab Ksiba. Des rangées de petites maisons neuves et proprettes, collées les unes aux autres comme un jeu de construction. Presque le luxe, à côté des masures de Sidi Youssef Ben Ali.

Pour dix dirhams, un gamin le mena jusqu'à une maison semblable aux autres, dotée d'un minuscule jardin où une mobylette était attachée avec de lourdes chaînes à l'unique arbre...

— Saïd Boukala, c'est là, indiqua le gosse.

Malko frappa à la porte bleue qui s'ouvrit sur un homme à la quarantaine déplumée. Dans son visage rond et avenant, ses yeux pétillaient de malice.

— Saïd Boukala?

L'inconnu inclina la tête.

— C'est moi.

— Je suis un ami de John Melrose.

— De Monsieur John, celui qui est mort dans l'avion?

— Oui.

— Que Dieu l'ait en Sa Sainte Garde! Quel malheur! Entrez.

TUERIE À MARRAKECH

Il fit pénétrer Malko dans la maison et ils gagnèrent le premier étage. Les pièces étaient carrelées, les murs blancs, le mobilier rare. Les habituels sofas s'alignaient le long des murs. Cela sentait les épices. Deux gosses apparurent et disparurent, puis une grosse femme surgit, portant un plateau de cuivre, des fruits et du thé. Après les préambules d'usage, Saïd Boukala demanda :

– Tu cherches un guide ?

Malko lui adressa un sourire appuyé.

– Un peu plus...

Le Marocain lui rendit son sourire.

– Je comprends. Je suis à ta disposition... Qu'est-ce que tu veux ?

Malko faillit lui parler du commando « Al Khatib al Maout », puis se ravisa, adoptant le tutoiement comme chez les Arabes.

– Connais-tu un très beau palais habité par une étrangère, au cœur de la médina ?

Le visage de Saïd Boukala s'éclaira.

– Ah, Dar Laghzala. La Maison de la Gazelle.

– Pourquoi la Gazelle ?

– Parce que c'est une très belle femme. C'est ainsi que nous appelons les belles étrangères, ici, à Marrakech. Tu la connais ?

– Un peu, dit Malko ; elle connaissait bien John Melrose.

Nouveau sourire, complice.

– Bien sûr, il couchait avec elle.

– Elle a d'autres amants ?

– Je ne sais pas, avoua le Marocain, on dit que oui, elle reçoit beaucoup. Son voisin, un décorateur américain... Mais elle a raison. La jeunesse ne dure pas... C'est curieux que tu m'en parles, je l'ai aperçue hier soir.

– Ah bon ! fit Malko, surpris. Où ça ?

La veille au soir, il se trouvait avec Dalila Villanova.

– Place Jemaa-el-Fna. Je prenais un café près de la poste. Elle est venue téléphoner dans la cabine à côté, vers onze heures du soir. Peut-être que les rats avaient mangé les fils de son téléphone. Cela arrive.

Malko eut l'impression de recevoir un coup de poing dans l'estomac. Pourquoi Dalila Villanova avait-elle éprouvé le besoin de téléphoner d'une cabine publique, prenant le risque de ressortir de chez elle, à une heure aussi tardive?

CHAPITRE XII

L'information de Saïd Boukala alluma tous les clignotants rouges chez Malko. La première explication qui venait à l'esprit était simple : Dalila Villanova ne voulait pas qu'on puisse identifier un appel donné de chez elle à un numéro compromettant. D'emblée, il écartait l'hypothèse du rat dévoreur de câbles téléphoniques; peu probable... Malko essaya de ne pas s'emballer. Elle pouvait tout simplement appeler son amant algérien de l'extérieur, par discrétion, sachant qu'elle risquait d'être sur écoute. Vivant seule, ce n'était pas pour fuir un mari jaloux qu'elle prenait de telles précautions.

Ce coup de fil pouvait aussi bien n'avoir aucun rapport avec l'affaire des islamistes. Malko décida d'explorer une autre direction.

— On a beaucoup parlé de l'accident du vol Marrakech-Casa, ici? interrogea-t-il.

Saïd Boukala approuva avec vigueur.

— Bien sûr. Il y avait beaucoup d'habitants de la ville parmi les morts.

— A quoi a-t-on attribué l'accident?

Le Marocain sourit.

— On dit que le gouvernement a menti. Le pilote, il était très connu, il ne voulait pas se suicider. C'est autre chose.

— Quoi?

142   TUERIE À MARRAKECH

Le Marocain eut un geste évasif.

– On ne sait pas. Des paysans ont vu l'avion exploser dans l'air.

– Une bombe?

– Peut-être. Mais on ne sait pas.

– Il y a des organisations terroristes ici?

L'interlocuteur de Malko rit de bon cœur.

– Non, il n'y a rien; la police, elle, est partout. Ils sont des centaines, en civil, dans la médina, dans les cafés. Ils surveillent tout. Il y a juste quelques « barbus » dans Sidi Youssef Ben Ali qui portent la *kamiz* (1). Mais ils font très attention. D'ailleurs, après l'accident, la Sûreté nationale est venue à l'aéroport, elle a emmené tous les employés qui avaient approché l'avion. Ils sont restés trois jours en prison. On les a battus. Ils ont tous été relâchés. Donc, il n'y a rien.

Etant donné les méthodes musclées d'interrogatoire de la Sûreté marocaine, le raisonnement était imparable. Or, il y avait bien eu une bombe. Donc, si elle n'avait pas été placée par un employé de l'aéroport, il ne restait qu'une hypothèse : elle se trouvait dans les bagages d'un des passagers, vraisemblablement à son insu, les « kamikazes » étant une espèce en voie de disparition.

– A quoi tu penses, monsieur? demanda Saïd, intrigué par le silence de Malko.

– Tu pourrais surveiller la Gazelle?

Le Marocain eut un rire émoustillé.

– Surveiller? Comment ça?

– La suivre dès qu'elle sort de sa maison, noter où elle va, qui elle rencontre. Je te donnerai 500 dirhams par jour. Mais il ne faut pas qu'elle s'en aperçoive.

Dans un pays où le salaire moyen était de 1 500 dirhams par mois, la somme était alléchante.

– Ça, c'est facile... Tu crois que c'est elle qui a mis la bombe?

_____
(1) Longue robe blanche des islamistes.

TUERIE À MARRAKECH

Au moins, il était direct.

– Je ne pense pas, affirma Malko. Mais je veux vérifier certaines choses. Tu savais qu'elle était algérienne?

– Ah ça, les Algériens, c'est des salauds, des brutes, lança Saïd Boukala avec une conviction sincère. Et puis, ils ne nous aiment pas.

Les Marocains le leur rendaient bien. Ils burent encore un peu de thé puis redescendirent après avoir grignoté quelques dattes. Saïd défit les énormes chaînes qui immobilisaient sa mobylette.

– J'y vais, annonça-t-il. Ce soir, tu viens place Jemaa-el-Fna. En face de la poste, à l'heure de la dernière prière, je te dirai ce qu'elle a fait.

*
**

Jaafar Benkirane descendit sans se presser la rue M'Sala, qui traversait de part en part Sidi Youssef Ben Ali. Etroite, pas goudronnée, elle était bordée d'innombrables échoppes. Le concert de klaxons des voitures tentant de se frayer un passage au milieu des portefaix et des charrettes à âne y était assourdissant. Le regard aigu de Jaafar Benkirane enregistrait tout. Ici, les policiers en civil étaient plus rares, car la plupart des habitants du quartier se connaissaient.

Il arriva devant le numéro 276, une bâtisse de deux étages un peu en retrait de la rue, dont le rez-de-chaussée était défendu par un énorme rideau de fer orange. Au-dessus, une enseigne annonçait : « Club El Amal-Karaté et Sports de combat ».

Il frappa au rideau de fer, trois coups secs, puis un, puis trois, et attendit. Quelques instants plus tard, le rideau se souleva de cinquante centimètres, suffisamment pour qu'il puisse entrer en se courbant.

Une seule ampoule éclairait une salle nue à l'exception de quelques agrès. Des tapis usés jusqu'à la corde dissimulaient le sol de terre battue. Aux murs étaient épinglés des posters représentant les gloires du karaté et du kung-fu.

Quatre hommes se trouvaient déjà là. « Youssef » avec ses bagages, penaud, dont le regard fuyait celui de Jaafar, « Rachid » et « Hassan », les deux autres membres du commando, venus directement à Marrakech, deux costauds aux cheveux frisés. Un quatrième homme se tenait un peu à l'écart, la tête coiffée d'une calotte blanche, portant une barbe bien taillée. Il étreignit Jaafar qu'il avait rencontré en Belgique, et ils échangèrent quelques mots à voix basse. C'était lui le propriétaire du club El Amal. Ali, un intégriste convaincu, mais pas encore repéré par la police marocaine. Il alluma ensuite la radio, trouvant une station locale diffusant des chansons modernes très rythmées. La musique devait s'entendre de la rue. Une excellente « couverture ». Si des policiers traînaient dans le coin, ils seraient rassurés. Aucun fondamentaliste n'aurait accepté d'écouter ces chansons impies.

Jaafar se tourna vers Youssef.

— Tu as dit à ta famille que tu partais?

— *Aiwa* (1).

— Tu as été prendre les deux billets à la gare pour Casa?

— *Aiwa*.

— Donne-les-moi.

Youssef fouilla dans sa poche et sortit deux billets Marrakech-Casa pour le train du soir. Jaafar les empocha, le visage fermé.

— Assieds-toi, ordonna-t-il.

Youssef prit place sur un banc, livide.

— Tu sais que tu as commis une faute très grave, lança Jaafar. Tu as mis en péril tes frères et toute l'Organisation. La police te connaît, maintenant. Si elle t'arrête, tu sais ce qui se passera.

_____
(1) Oui.

TUERIE À MARRAKECH   145

– Je le jure sur le Dieu Tout-Puissant, je ne parlerai pas, promit Youssef d'une voix plus ferme.

– Ils te tortureront, continua Jaafar. Tu parleras, même si ton âme est pure maintenant.

Devant son ton péremptoire, Youssef n'osa pas répliquer. Jaafar était le chef. Les trois autres écoutaient, debout, la tête baissée. D'une voix sèche, Jaafar lança :

– *Chahad*! (1)

Youssef poussa un cri étranglé, mais ne chercha pas à fuir. D'ailleurs, les trois hommes s'étaient rapprochés de lui et Rachid braquait un pistolet sur sa nuque. Quelques minutes s'écoulèrent dans un silence pesant. Jaafar avait coupé la radio. Il ne fallait pas mélanger les choses profanes et la religion. Il observait les lèvres de Youssef qui bougeaient à toute vitesse. Lorsqu'il jugea qu'il avait eu le temps de remettre son âme à Dieu, il remit la musique et la voix du chanteur Farid s'éleva dans la pièce, rythmée par les tambourins.

D'un signe de tête, Jaafar ordonna aux deux autres de s'écarter. Il s'approcha de Youssef par-derrière, prit son couteau de boucher *hallal* et de la main gauche saisit les cheveux du prisonnier.

– *Laaa*... (2)

Le cri se termina en gargouillement. La lame venait de trancher les cordes vocales en même temps que les carotides. Les jets de sang habituels fusèrent. D'une violente poussée, Jaafar précipita Youssef à terre, sur les vieux sacs remplis de sable préparés à cet effet. Les mains du mourant se crispèrent un peu, il se recroquevilla dans la position du fœtus, comme s'il voulait retenir la vie. Très vite, il ne bougea plus, vidé de son sang.

Jaafar et ses trois compagnons dirent rapidement la *Salat el Jamaro* (3). « Youssef » avait été un bon

(1) Fais ta prière.
(2) Non.
(3) La prière des morts.

musulman, mais les aléas du Djihad exigaient son sacrifice.

Avec une grimace de dégoût, Jaafar coupa la radio, demandant mentalement pardon à Dieu d'avoir écouté une telle musique. Les autres étaient déjà en train de rouler le corps dans deux tapis. Ils le recouvrirent ensuite d'une grande toile blanche qu'ils ficelèrent avec des cordelettes. Il ne restait plus qu'à l'évacuer.

La Sûreté nationale le chercherait du côté de Casablanca. Ils avaient repris une longueur d'avance. On éteignit et Jaafar se glissa le premier dehors. L'âme en paix, il se hâta vers la mosquée.

La fumée des braseros des restaurants en plein air installés dès le coucher du soleil en plein milieu de la place Jemaa-el-Fna couvraient la grande place d'un nuage nauséabond et bleuâtre qui ne semblait pas incommoder les innombrables badauds, Marocains et autres. Cela grouillait : des groupes de touristes rebondissant des charmeurs de serpents aux baladins ou aux danseurs; des marchands d'eau habillés en Arlequin, avec leurs clochettes et leurs outres. Des cercles amusés s'agglutinaient autour des joueurs de bonneteau. Les ruelles du souk aboutissant sur la place vomissaient des hordes compactes cornaquées par des guides dont l'avidité n'avait d'égale que la servilité. Quelques marchands couraient derrière les traînards, brandissant des horreurs en cuivre repoussé offertes à cent fois leur valeur, et promettant des réductions purement symboliques...

Les fiacres verts se frayaient difficilement un chemin dans cette cohue farcie de pickpockets comme un gigot d'ail. Les boutiques de musique se disputaient à coups de décibels les rares amateurs de folklore.

A côté des charmeurs de serpents, en bordure de la place, une danseuse berbère aux appas pudiquement voilés ondulait devant un groupe de Hollandais libidi-

TUERIE À MARRAKECH   147

neux qui demandaient avec insistance à leur guide si on pouvait toucher.

En ajoutant les vrais guides, les faux guides, les chômeurs à l'affût, les cireurs de chaussures accotés aux murs, les innombrables flics en civil reconnaissables à leur air famélique et hargneux, on obtenait un magma agité de mouvements browniens qui s'écoulait lentement vers la Koutoubia.

Malko, qui avait cherché en vain Saïd devant la poste, s'arrêta devant un charmeur de serpents. Le malheureux s'époumonait dans sa flûte, essayant d'arracher à une apathie due à leur grand âge deux cobras blasés qui n'avaient qu'une hâte : rentrer dans leur panier d'osier pour une sieste bien méritée.

– Monsieur Malko, je suis là!

Saïd venait de surgir de la foule, essoufflé, mais souriant. Malko se demanda comment il avait pu le trouver dans cette invraisemblable cohue. Le Marocain l'entraîna, lui tendant un flacon de parfum, une vieille bouteille dans un étui de cuivre argenté.

– C'est pour les *h'nouchas* (1), ils savent que je fais le guide.

– Comment le savent-ils?

Saïd eut un humble sourire.

– Tous les matins, je dois leur donner 20 dirhams en arrivant ici. Sinon, ils me mettent en prison.

Ils avaient fendu la foule et arrivaient en bordure de la place, à l'entrée de la rue El Koutoubia.

– Alors? demanda Malko.

– Je l'ai suivie, annonça Saïd. La Gazelle est partie vers onze heures au volant de sa Mercedes. Toute seule. Elle a traversé toute la ville jusqu'à Bab Ksiba et puis elle a pris la route du sud vers Ourika.

– Et ensuite?

Le Marocain baissa la tête, penaud.

(1) Les mouchards.

— Je l'ai perdue, elle roulait trop vite. Avec la mobylette...

Evidemment, les grands Services n'utilisaient généralement pas des mobylettes pour leurs filatures.

— Tant pis, se résigna Malko, il faudra recommencer demain.

— Attends, patron, protesta Saïd. Quand elle m'a lâché, elle était déjà sur la route d'Ourika, près du barrage de police.

— Et alors?

Un large sourire éclaira le visage rond du Marocain.

— La route n'aboutit qu'à un seul endroit : dans la vallée d'Ourika. C'est une impasse. Si on y va demain, il suffit de demander, il n'y a pas beaucoup d'étrangers qui se rendent là-bas. On devrait savoir où elle est allée.

— Bon, on fera ça, accepta Malko.

— Demain matin, neuf heures, proposa Saïd, je t'attends au feu rouge du boulevard el-Yarmouk.

— Pourquoi pas à *La Mamounia*?

— A cause des flics, patron. A demain, *Inch Allah*.

La première personne que vit Malko en pénétrant dans le grand hall de *La Mamounia* fut Lamia Kattani. Elle trônait au milieu du hall, un bras passé autour de la taille d'un beau ténébreux, au type sémite prononcé. Le sourcil ombrageux, la lèvre épaisse, des gourmettes partout, et des bagues. Le macho maghrébin type. Malko se dit que la Ferrari Testarossa rouge garée négligemment devant l'hôtel devait lui appartenir. En haut des marches menant au grand salon, Lamia brillait comme un phare, moulée dans une combinaison-short en lamé argent prête à éclater sous la pression de ses seins, ses cheveux noirs tressés de fils d'argent tombant jusqu'aux reins. Ses longues jambes étaient également

TUERIE À MARRAKECH

gainées de collants argentés, et terminées par des escarpins de pute. La moue dédaigneuse, le regard trouble, la bouche en avant, c'était la Madone du Stupre. Même un mongolien de quatre ans aurait eu du mal à croire à sa virginité : si elle s'était promenée dans la médina accoutrée de cette façon, il lui aurait fallu une bulle de verre, comme celle du pape, pour la protéger des crachats... Son regard se posa sur Malko sans un battement de cils puis revint, avec une extase de commande, au visage de son « fiancé ». Collant sa grosse bouche à son oreille, elle lui murmura probablement une obscénité. Il hennit comme un cheval avant de l'entraîner vers les ascenseurs.

La croupe callipyge de Lamia, fouettée par la longue natte noire tressée d'argent, aurait pu arracher la foi à plus d'un croyant... Médusés, un groupe de touristes américains contemplaient cette apparition sulfureuse. On leur avait dit que les femmes étaient voilées, au Maroc...

Malko arriva dans l'ascenseur au moment où les portes se fermaient. Le « fiancé » avait collé Lamia à la paroi du fond et s'agitait contre elle en grognant. Il ne réalisa même pas la présence de Malko, trop occupé à inventorier son trésor. Dans son dos, Malko réussit à croiser le regard chaviré de Lamia. Discrètement, il lui montra la clef avec le numéro de sa chambre. D'un battement de cils, la lumineuse salope lui fit comprendre qu'elle avait enregistré...

Ils descendirent au même étage, le deuxième, mais partirent dans des directions opposées.

Malko n'avait plus qu'à redescendre dîner au *Bar du Soleil*. Avant, il voulait vérifier quelque chose. Il appela Dalila Villanova. Ce fut elle qui répondit. Malko, après lui avoir dit bonsoir, demanda d'un ton neutre :

– Votre téléphone est réparé?

– Réparé? Pourquoi? demanda la jeune femme, visiblement surprise.

TUERIE À MARRAKECH

– J'ai essayé de vous joindre hier soir, mais c'était toujours occupé, prétendit-il.

– Vous avez dû faire un mauvais numéro. Mon installation est toute neuve. Et, à Marrakech, le téléphone fonctionne très bien.

– Je vous ai enfin! conclut Malko. Je vous appelais pour vous remercier. Et vous inviter à dîner à *La Mamounia*. Le restaurant marocain est, paraît-il, excellent.

– C'est très gentil, remercia Dalila, mais je préfère *mon* cuisinier. Pourquoi ne venez-vous pas, disons, demain soir? Nous serons plus tranquilles pour bavarder...

Il y avait quelque chose dans sa voix qui en disait plus que les mots.

– Parfait, dit-il. Mais cette fois, je viendrai par mes propres moyens!

Elle rit.

– Vous ne trouverez jamais. Faisons une cote mal taillée. Je vous donne rendez-vous place Jemaa-el-Fna, j'irai vous chercher à pied. Rendez-vous devant l'entrée de la rue Dabachi. Vous demanderez, tout le monde connaît. Il y a un marchand de flacons à qui j'achète parfois. Je me réjouis de vous revoir.

– Pas autant que moi, fit Malko.

Après avoir raccroché, il ne put pourtant s'empêcher d'éprouver un vague malaise : il y avait comme un halo autour de la pulpeuse Dalila. Des petites choses imperceptibles qui finissaient par constituer une grosse boule qui lui obstruait la gorge.

Il sortait de sa douche quand le téléphone sonna. Il reconnut aussitôt la voix chuchoteuse de Lamia.

– Je ne te dérange pas? demanda-t-elle timidement.

– Tu viens?

Elle pouffa.

– Tu es fou! Il est juste descendu jouer un peu au casino, pendant que je me change. Je l'ai tellement

TUERIE À MARRAKECH

excité qu'il devait aller se distraire. Tu as aimé ma tenue ?

– Tu vas me réconcilier avec la conquête spatiale... Où en est ta virginité ?

Elle pouffa de plus belle.

– On négocie ! Je veux qu'il m'achète *d'abord* la villa... Il a essayé de me violer deux fois. Il n'arrête pas de se promener à poil dans la chambre avec son énorme matraque à la main. Je suis obligée de le branler trois fois par jour. C'est un rustre, murmura-t-elle. Son père avait un grand harem à Fèz. Il ne connaît que cela.

Sa voix changea et elle ajouta :

– J'ai envie de toi. Quand il m'aura dépucelée, nous ferons l'amour.

Malko raccrocha. Il n'avait plus envie de descendre au restaurant pour subir le supplice de Tantale.

*
**

La route s'étendait, rectiligne, tracée en plein désert, jusqu'aux premiers contreforts de l'Atlas, des montagnes bleuâtres qui se fondaient harmonieusement dans l'ocre du désert. Malko était sceptique sur la méthode de Saïd. Ils arrivèrent au premier village et le Marocain lui demanda de s'arrêter à un poste d'essence-restaurant, le *Lion d'Ourika*. Saïd descendit, alla traîner dans le café, interrogea des gosses qui traînaient autour et revint, triomphant.

– Ils l'ont vue !

– Comment peuvent-ils s'en souvenir ?

– Il n'y a pas beaucoup de grosses Mercedes conduites par des femmes. D'habitude, la Gazelle prend toujours le chauffeur, Omar... Elle allait vers là-bas, dit-il en montrant les lacets de la route s'enfonçant dans le massif montagneux.

Ils continuèrent dans un paysage de plus en plus beau. Effectivement, il n'y avait qu'une seule route, serpentant au flanc d'une vallée où quelques rares villages étaient reliés par des sentiers. Ils montèrent jusqu'à un village étiré sur plusieurs kilomètres. De chaque côté de la route, s'alignaient des marchands de poteries. Saïd demanda à nouveau à stopper et revint, ravi.

– Elle est passée et elle a continué.

Une affiche vantait les qualités de l'*Hôtel Ourika*. Ils s'y arrêtèrent, quelques kilomètres plus loin. Nouvelle enquête. Dalila ne s'y était pas rendue. Ils progressaient lentement à cause des innombrables haltes imposées par Saïd. Les montagnes étaient majestueuses, de plus en plus pelées. On était en plein pays berbère, il faisait nettement plus frais. Comme un bon labrador en chasse, Saïd interrogeait inlassablement les marchands de poteries et les passants. Ils parvinrent à un croisement. A gauche, on continuait la vallée de l'Ourika, à droite, c'était Oukaïmeden. Les deux branches se terminaient en cul-de-sac. Ils prirent vers Oukaïmeden, mais au bout de quatre interrogatoires, Saïd demanda de rebrousser chemin.

Personne n'avait vu la Gazelle.

Ils s'enfoncèrent davantage au cœur de la montagne et le premier potier les rassura : Dalila était bien passée par là la veille. La route était semée de petits villages avec quelques cafés, des boutiques à touristes. La rivière coulait au fond et on était écrasé par les pics ocre qui cachaient le soleil. Pas un étranger.

Encore trois, quatre villages. Infatigable et souriant, Saïd questionnait. Il montra à Malko une boutique sur la droite, pompeusement baptisée Musée de l'Atlas. En réalité, une échoppe où se côtoyaient poignards anciens fabriqués la veille, meubles, poteries, et même des tapisseries birmanes arrivées là Dieu sait comment.

– Je connais le patron, expliqua-t-il à Malko.

Effectivement, un Berbère sec comme une trique l'accueillit avec force accolades et leur offrit du thé. Saïd posa sa question et l'autre secoua la tête.

TUERIE À MARRAKECH   153

– Moi, je n'ai rien vu. Mais j'étais sur la terrasse. Si tu veux, je vais demander.

Il était déjà parti. Ce *ksar* (1) sans nom, tout près de la rivière Ourika, était le dernier. Quelques kilomètres plus loin, la route s'arrêtait en pleine montagne, se transformant en sentier de bergers. Malko n'avait pas terminé son thé brûlant que le marchand était de retour, avec un discret sourire. Il communiqua ses informations en arabe à Saïd qui traduisit aussitôt.

– Elle est venue ici. Elle s'est rendue dans la dernière maison du village, sur la gauche, là où il y a un moulin.

(1) Village.

CHAPITRE XIII

– Qu'est-elle venue faire dans cette maison? interrogea Malko.

– Je ne sais pas, avoua le Berbère. Elle est restée un moment, puis elle est repartie.

– Ce sont des fabricants d'artisanat?

– Non, des paysans. En plus, ils exploitent un petit moulin. Si vous voulez voir, c'est facile, je vous emmène. C'est intéressant, le moulin...

– Allons-y.

Que venait faire une femme sophistiquée comme Dalila Villanova dans ce trou perdu de la montagne berbère?

Ils remontèrent jusqu'en haut du *ksar,* où une ferme dominait l'Ourika d'une dizaine de mètres. Malko dut se casser en deux pour pénétrer dans un appentis où une vieille femme, le visage décoré des marques bleues, un foulard sur la tête, était accroupie devant un moulin à eau plus que primitif. Elle versait du blé dans un entonnoir fixé au-dessus d'une grande roue en pierre horizontale, qui tournait silencieusement, entraînée par une déviation de la rivière qui passait en dessous de l'appentis. Elle ne leva même pas la tête en voyant Malko. Une fille plus jeune balayait une cour, en face d'une petite étable. Plus loin, il aperçut une cuisine en plein air, puis plusieurs pièces sommairement meublées. Seul luxe, un hamman servait de salle de bains pour

TUERIE À MARRAKECH   155

toute la famille, juste à côté de l'étable. Il était chauffé
au charbon de bois.

Au fond, Malko distingua une silhouette, dans une
pièce plongée dans la pénombre. Un homme priait, de
dos, agenouillé vers La Mecque. Il ne se dérangea pas,
ne voyant même pas les visiteurs. Malko ne put discerner son visage, dans l'obscurité de la pièce.

L'Ourika n'était encore qu'un mince torrent qui
courait en contrebas. Tout autour, c'était la montagne
nue. La route se terminait cinq cents mètres plus loin.
Ils ressortirent de la ferme et Saïd demanda aussitôt :

– Tu es content?

– Oui et non. Tu ne peux pas essayer de les interroger?

Le visage du Marocain se ferma.

– Oh non, c'est impossible, ils ne diront rien. Ils
n'aiment pas les étrangers.

Qu'était venue faire Dalila chez ces pauvres paysans
berbères? Resté sur sa faim, Malko regagna la Mercedes et ils reprirent la route de Marrakech. Saïd ne tenait
pas en place.

– Je continue à suivre la Gazelle? demanda-t-il,
alléché par les 500 dirhams quotidiens.

– Oui, dit Malko, essaie de savoir qui elle reçoit, si
elle a des visiteurs étrangers. Ce serait bien si tu pouvais
devenir copain avec son chauffeur, Omar... Il doit
connaître beaucoup de choses.

– Je vais essayer, promit Saïd.

Peu avant *La Mamounia,* Saïd s'éclipsa discrètement,
à son habitude. Malko le rappela.

– Par ton ami, tâche quand même de savoir ce que la
Gazelle est allée faire dans ce village perdu...

– *Whakhkha, whakhkha* (1).

Il se perdit dans la foule. Revenu à l'hôtel, Malko
appela Rabat. Stanley Hurd était en réunion et rappela
vingt minutes plus tard, sur une ligne protégée. Malko

(1) OK, OK.

lui fit part de ses étranges découvertes. L'Américain était, lui aussi, perplexe.

– Je pense que Dalila Villanova est « claire », avança-t-il. Les Marocains ne peuvent pas ignorer sa liaison avec le général Smaïn. Ils ont dû la « cribler » comme des fous. En plus, Marrakech est une ville où les gens comme elle ne sont pas si nombreux, ni difficiles à surveiller... Mais certains faits sont effectivement bizarres. Vous ne lui avez encore rien dit?

– C'est pour ce soir. Et vous?

– Le carnet de Benjelloun a livré ses secrets. Pas grand-chose. Il travaillait pour la DST *et* la DGED. Il avait beaucoup de numéros de nanas. Et puis, cinq de cabines publiques, soit à Souissi, soit en ville. Il est trop tard pour les piéger, mais cela signifie qu'il avait quand même des contacts secrets et protégés.

– Avec des islamistes?

– Allez savoir...

C'était un système pratique pour communiquer entre personnes se sachant surveillées. Il suffisait de repérer un certain nombre de cabines, de leur attribuer un code et d'annoncer ce dernier à son interlocuteur. Mais seuls les Services utilisaient ces méthodes sophistiquées. Décidément, cette affaire réservait bien des surprises.

– Il n'y avait pas de cabine située à Marrakech, dans le carnet de Jawad Benjelloun?

– Non.

– Pas de nouvelles des tueurs d'« Al Khatib al Maout »?

– Aucune. Les Marocains sont sur les dents, ils surveillent tout. Ils finiront bien par trouver quelque chose. Bonne chance pour votre dîner.

Malko aperçut un fantôme bleu dans l'ombre d'une des ruelles s'enfonçant dans le souk. Il lui fallut quelques secondes pour reconnaître Dalila Villanova, vêtue

d'une tunique ras du cou et d'un pantalon de soie
bleue, les cheveux dissimulés sous un foulard de même
couleur qui lui donnait l'air d'une islamiste. Seule une
large ceinture cuir et bronze égayait cet ensemble plutôt
sobre. Elle lui adressa un signe joyeux de la main et vint
à sa rencontre. Sa bouche maquillée luisait dans l'obscurité et il la trouva encore plus belle que lors de leur
première rencontre.

– Vous ne vous êtes pas perdu? s'inquiéta-t-elle.

– Non, assura Malko, je suis même venu à pied.

– Allons faire un tour avant de dîner, proposa-t-elle.
La place Jemaa-el-Fna est peut-être l'endroit le plus gai
de tout le Maroc. Je ne me lasse pas de venir ici.

Elle glissa son bras sous le sien et l'entraîna, contour-
nant les marchands d'oranges alignés comme des pan-
zers, face au souk, pour se diriger vers les baladins, les
lutteurs, les danseurs et les diseurs de bonne aventure.
La foule était incroyablement dense, le tohu-bohu
infernal, alimenté par les hauts-parleurs des marchands
de musique, les tambourins des danseurs et les appels
de tous les saltimbanques rameutant les badauds. Il n'y
avait pas que des étrangers. Eblouis, quelques paysans
fraîchement descendus de l'Atlas écarquillaient des yeux
comme des soucoupes devant toutes ces merveilles...

Un marchand d'eau, ridé comme une vieille pomme
ornée d'un petit bouc, se mit à danser autour d'eux,
agitant les clochettes de ses chevilles et les innombrables
grelots de sa tenue. Edenté, maigre comme un clou, il
faisait l'arlequin. L'eau de son outre devait contenir, en
proportions égales, tous les germes de la création. Ils
s'attardèrent quelques instants auprès des danseurs
berbères, au son aigre des flûtes. En se retournant,
Malko aperçut soudain la silhouette trapue de Saïd.
Celui-ci lui lança un regard insistant, comme s'il voulait
lui dire quelque chose. Dalila entraîna Malko vers une
autre attraction et ce dernier perdit de vue le *stringer* de
la CIA.

La fumée odorante de centaines de brochettes en

train de griller dans les restaurants en plein air rendait l'atmosphère irrespirable. Dalila filait déjà vers l'autre extrémité de la place. Là, des touristes filmaient comme des fous un charmeur de serpents. Un grand cobra royal, pas du tout intimidé par les flashes, ondulait à quarante centimètres du sol, dardant sa langue fourchue vers les spectateurs, pour le plus grand plaisir des cameramen.

D'habitude, les reptiles étaient plus petits et moins nerveux. Celui-là ne se contentait pas d'onduler, il se balançait d'avant en arrière, prêt à frapper...

– C'est amusant, non? souffla Dalila à l'oreille de Malko. Il paraît que ces serpents font tout ce que dit leur maître. Ils sont révérés comme des Djinns.

Au premier rang, c'est-à-dire à deux ou trois mètres, Malko observait le cobra dressé de toute sa hauteur hors de son panier. Le cercle des badauds s'était épaissi. Le son de la flûte devint plus aigu et les ondulations du cobra plus violentes. Les spectateurs derrière lui poussaient pour mieux voir. Soudain, Malko sentit une pression plus forte dans son dos. Il allait se retourner pour dire aux gens de ne pas abuser, lorsqu'une violente bourrade le projeta en avant, dans l'espace libre entre la foule et le serpent!

Déséquilibré, il trébucha et tomba en avant sur les mains. A cinquante centimètres de la gueule du cobra...

Comme dans un cauchemar, il aperçut le corps du reptile partir en arrière, la tête à l'horizontale, prenant son élan pour frapper. Il n'avait plus le temps de se relever. Les crocs venimeux du cobra allaient s'enfoncer dans son visage. La tête du serpent se détendit comme un ressort.

**

Tout se passa si vite qu'il ne distingua d'abord rien. Quelque chose de noir s'interposa entre la gueule

TUERIE À MARRAKECH 159

ouverte du cobra et son visage. Un brodequin lancé
d'un élan puissant. Sa pointe frappa le serpent en pleine
tête, le rejetant sur le côté. La gueule ouverte passa à
quelques centimètres du visage de Malko.

Etourdi, le reptile tomba sur le côté. Puis il s'enfuit,
fendant le cercle de badauds horrifiés et déclenchant
une panique folle. Une Américaine lâcha son cames-
cope et se mit à courir comme si le reptile allait la
poursuivre...

Malko se releva, le pouls à 150. La morsure du cobra
n'était pas mortelle à coup sûr, mais au visage, le venin
risquait d'atteindre très vite le cerveau... Il se retourna,
cherchant celui ou ceux qui l'avaient poussé, mais la
foule déjà se dispersait, tandis que le charmeur de
serpent essayait de rattraper son gagne-pain et jetait
une toile sur lui... Les touristes, excités et terrifiés,
fuyaient en tous sens.

– Mon Dieu, vous n'avez rien?

Il croisa le regard affolé de Dalila.

– Non, non, affirma-t-il.

Il s'épousseta et ils partirent. Le charmeur de serpent
avait réussi à rattraper son cobra et le fourrait dans son
panier d'osier avant de s'éloigner rapidement vers l'autre bout de la place. L'incident était passé inaperçu en
raison de la foule, les cris de terreur avaient été couverts
par les tambourins et les chants berbères. Malko
revoyait la gueule ouverte du cobra à quelques centimètres de son visage... Il l'avait échappé belle.

– Vous avez vu ce qui s'est passé? demanda-t-il.

– Il y a eu une bousculade, dit Dalila. Je suis
désolée! C'est moi qui ai voulu vous amener ici.

– Vous n'y êtes pour rien, assura Malko. On m'a
bousculé involontairement. Si ce type n'avait pas donné
un coup de pied au cobra, nous n'aurions certainement
pas dîné ensemble...

En se relevant, il avait quand même eu le temps de
reconnaître le blouson de nylon bleu de Saïd, qui s'était
aussitôt noyé dans la foule. Malko était certain d'une

chose : on l'avait poussé volontairement. Ce n'était pas une bousculade accidentelle, mais une tentative d'élimination. Même s'il n'était pas mort des suites de la morsure du cobra, il aurait été gravement handicapé...

Qui avait voulu le tuer?

De plus en plus, les indices convergeaient vers la femme accrochée à son bras. A part sa brève rencontre avec feu Jawad Benjelloun, il n'avait rien appris depuis son arrivée au Maroc qui puisse justifier son élimination physique. Ce qui était le plus troublant, c'est qu'il n'avait rien appris non plus sur Dalila Villanova. En plus, elle ignorait la filature dont elle était l'objet.

A moins que Saïd ne joue double jeu... C'était peu probable. Restait son expédition dans la vallée de l'Ourika, où Dalila s'était rendue également. Le reste était plus que flou, trop compliqué : un commando terroriste dont on ne savait pas grand-chose, un avion saboté, une photo mystérieuse qui tuait... Et la pulpeuse Dalila au milieu de tout cela... Celle-ci lui souffla à l'oreille :

– Vous vous sentez bien?

– Très bien, affirma Malko.

Ils se faufilaient dans les rues étroites du souk, encore encombrées de piétons et de charrettes. Les boutiques fermaient. Avec son foulard bleu dissimulant une partie de son visage, Dalila ressemblait à une des islamistes qu'on croisait de temps en temps.

Enfin, au fond d'une ruelle, ils se retrouvèrent en face de la massive porte en bois sombre qu'il connaissait. Dalila appuya sur la sonnette et une femme ouvrit aussitôt. La jeune femme mena directement Malko dans le salon du rez-de-chaussée.

– Je vais me changer, dit-elle. On va vous servir à boire.

A peine était-elle sortie qu'un majordome en veste et gants blancs surgit, portant une bouteille de Taittinger Comtes de Champagne rosé 1985 et des coupes sur un

TUERIE À MARRAKECH

plateau d'argent. Malko vida sa coupe d'un trait et les bulles glacées semblèrent lui aérer le cerveau. Il n'était qu'à quelques centaines de mètres de la place Jemaa-el-Fna, mais dans cet univers douillet et sophistiqué, il se trouvait dans une autre galaxie. Des canapés ceignaient la pièce et les tables basses encombrées de bibelots. Les tapisseries et les tapis superposés étouffaient tous les bruits de l'extérieur.

Dalila surgit, silencieuse comme un fantôme, vêtue d'un caftan de soie noire si léger que toutes les rondeurs de son corps étaient visibles. Elle s'assit sur un lit de repos niché dans un encoignure et fit signe à Malko de la rejoindre. Elle avait accentué son maquillage et un halo de parfum lourd flottait autour d'elle. Malko eut l'impression de se trouver avec une femme de harem du début du siècle.

A son tour, Dalila vida avec délicatesse sa coupe de Comtes de Champagne et tourna vers Malko un regard plein de sous-entendus.

– Si nous dînions ici? Je n'ai pas envie d'aller dans la salle à manger. C'est trop grand...

Elle sonna et le valet surgit. Elle lui donna ses ordres en arabe. Cette langue gutturale, dans sa bouche, devenait presque douce...

Ils continuèrent à boire jusqu'à ce que les plats à tajine arrivent, sur un plateau de cuivre. Ce n'était pas très confortable, mais charmant. Le Taittinger Comtes de Champagne rosé 1985 se mariait bien avec la cuisine marocaine. Tout en dégustant son agneau, Malko repensait à l'incident du cobra et aux bizarreries de la vie de Dalila. Il grillait de lui en parler, mais en retardait le plus possible le moment pour ne pas briser l'harmonie sensuelle de ce dîner magique.

Ils touchèrent à peine au couscous, se réservant pour un feuilleté léger comme une plume, une pastilla au pigeon, suivi de l'inévitable thé à la menthe, dont les effluves parfumés et chauds s'échappaient du liquide ambré versé et reversé de plus en plus haut, si brûlant que Malko put à peine en boire quelques gouttes. Dalila devait avoir le gosier en amiante, car elle le lapait comme une chatte un bol de lait. Le valet avait refermé discrètement les portes du salon. Dalila se leva et mit en sourdine de la musique arabe très syncopée. Le champagne semblait lui avoir tourné la tête et l'expression farouche de ses yeux noirs avait disparu. Ils ne laissaient filtrer qu'un regard trouble. Brutalement, l'atmosphère s'était chargée d'électricité.

– Vous aimez cette musique?

– Bien sûr, fit Malko. Il n'y a rien de plus sensuel. Elle rit.

– Peu d'Occidentaux pensent comme vous, mais vous avez raison. La danse orientale est ce qui se rapproche le plus de l'amour.

– Vous dansez?

– Parfois, quand je me sens bien.

– Vous vous sentez bien?

Avec un sourire, elle alla mettre la musique plus fort et revint en face de Malko, commençant une lente danse orientale. Enfoncé dans ses coussins, il avait l'impression d'être un pacha de la Sublime Porte. Dalila se prenait au jeu, virevoltait, jouait de ses hanches, de son cou, un sourire provocant plaqué sur sa grosse bouche bien dessinée. La soie glissait sur son corps en soulignant ses courbes.

Peu à peu, elle se rapprochait de Malko, et l'odeur de son parfum parvenait à ses narines. Le rythme de la musique changea. Sa danse aussi. Presque immobile, elle se mit à onduler comme le cobra de la place Jemaa-el-Fna. Elle semblait ne plus avoir de squelette.

L'ondulation de son bassin envoya une formidable décharge d'adrénaline dans les artères de Malko. La soirée prenait une tournure inespérée, même si cela ne faisait pas avancer son enquête. Mais rien n'était innocent dans cet univers. Dalila Villanova, avec sa beauté et sa richesse, pouvait choisir ses amants. Si elle avait

TUERIE À MARRAKECH

jeté son dévolu sur Malko, ce n'était peut-être pas par hasard. En tout cas, cette exhibition commençait à l'embraser sérieusement.

Soudain, la main droite de la jeune femme monta jusqu'à son cou, décrochant le zip presque invisible de la longue fermeture coupant le caftan en deux. Dalila commença à la baisser avec une exaspérante lenteur, millimètre par millimètre!

Elle ne laissait presque rien voir encore de son corps, à part une bande mate, du haut en bas. Son regard fixait, non plus le visage de Malko, mais son sexe. A cette seconde, elle ressemblait aux putains berbères de la montagne cherchant à exciter un client.

Son nombril apparut, petit, rond, orné d'une pierre bleue! Des islamistes auraient pu débouler le couteau entre les dents, Malko ne les aurait même pas aperçus. Toute la terreur éprouvée devant le serpent s'était transformée en un fleuve brûlant qui montait de ses reins.

Les tambourins sonnaient la charge.

L'ouverture atteignit le bas-ventre de Dalila. Lisse à l'exception d'un gazon noir triangulaire descendant jusqu'à l'ombre des cuisses... Un petit geste sec du poignet acheva de séparer les deux pans du caftan. Dalila tourbillonna sur elle-même, fit onduler ses épaules et quand elle revint face à Malko, elle était nue; plus que nue, vêtue de ses seules mules rouges à talons aiguille. Une somptueuse femelle.

La couleur cuivrée de sa peau fine était mise en valeur par l'éclairage tamisé. Malko esquissait le geste de se lever lorsqu'elle fit un pas en avant et, d'un mouvement plein de grâce, se laissa tomber à genoux devant lui. Ses yeux fixés dans les siens, elle s'assura de ses longues mains aux ongles écarlates de l'effet de sa danse. Malko posa les siennes sur ses seins nus, saisit les pointes durcies, arrachant un frisson à Dalila.

Sa bouche le prit lentement, jusqu'à la racine, comme une vestale docile, tandis que ses doigts couraient sur ses vêtements, l'en débarrassant avec habileté. En quelques minutes, il fut aussi nu qu'elle, et comme un chimpanzé en rut, Dalila se redressa, le regard noyé de sperme, et alla s'allonger sur le sofa voisin. Sur le dos, une jambe repliée en appui sur le sol, l'autre allongée, sa pose ne laissait planer aucun doute sur ce qu'elle espérait.

Malko eut le courage de ne pas embrocher immédiatement ce sexe offert. Lorsque son visage plongea sur le buisson qui sentait le musc et l'encens, Dalila poussa un soupir rauque et attira sa tête plus étroitement contre son ventre. Il avait l'impression de faire courir sa langue sur un fruit tropical très parfumé et bien mûr. Il dégustait Dalila avec acharnement, cherchant les terminaisons nerveuses qui déclenchaient de brefs sursauts de son bassin. Soudain, elle lui prit les cheveux à pleines mains, se mit à haleter et son sexe se colla à sa bouche.

Elle jouit avec une torsion de tout son bassin.

Malko remonta jusqu'au nombril, puis lécha ses seins. Tout son corps était parfumé. Il mordilla les pointes dressées, lui arrachant un petit cri. C'est tout naturellement que son sexe trouva celui de Dalila et s'y ficha d'un long coup de reins. Les yeux de la jeune femme se révulsèrent, elle exhala un soupir, prononça quelques mots inintelligibles pour Malko, puis son ventre commença à onduler tout doucement sous le sien. Elle le serra contre elle de toute sa force, ses bras refermés dans son dos. Enfoncé de toute sa longueur dans un fourreau chaud et onctueux, il commença à bouger lentement et régulièrement. La respiration de Dalila s'accéléra, il sentit se raidir ses cuisses musclées. A des contractions plus rapides de son bassin, il sentit qu'elle allait jouir et accéléra peu à peu son rythme. Ce fut suffisant pour qu'elle soit secouée d'un long spasme. Il l'embrassa : elle avait la bouche sèche. Elle entrouvrit les yeux et dit d'une voix imperceptible :

– Tu m'as fait jouir. Continue. Doucement.

TUERIE À MARRAKECH

Il continua, allant et venant avec douceur dans le sexe offert. Déclenchant encore plusieurs fois l'orgasme de Dalila. Elle semblait ne jamais pouvoir s'arrêter de jouir. Cette extraordinaire disponibilité sexuelle l'excitait encore plus. Le visage enfoui dans son épaule, Dalila dégustait ses orgasmes successifs, presque sans un cri, avec, de temps à autre, des soupirs extasiés. Elle ne s'anima que lorsque Malko lui replia les jambes sur la poitrine pour la marteler avec plus de violence.

Dalila ouvrit les yeux, comme affolée, puis laissa échapper un gémissement de plaisir :

— Tu me fais mal! Continue. C'est bon.

Il se déchaîna, de plus en plus vite, et elle cria. Il sentit monter le plaisir de ses reins, et lui lança :

— Tu vas me faire jouir!

— Oui, oui!

Il sentit monter son orgasme au moment où il explosait lui-même au fond de son ventre.

Ils jouirent en même temps dans un éblouissement de plaisir, de sensations multicolores...

Les jambes se déplièrent, il demeura abouté en elle, apaisé. Les tambourins claquaient toujours. Son cerveau se remit à fonctionner et il se demanda ce qui lui avait valu ce miracle. Dalila rompit le charme.

— Viens, dit-elle.

Elle remit son caftan sans le fermer et il la suivit, ses vêtements sur le bras, jusqu'à la chambre du second étage, où elle s'assit sur le lit. Prenant un paquet de Lucky Strike sur la table de nuit, elle en alluma une, montra le paquet à Malko.

— C'est ce que John fumait toujours...

Il ne s'attendait pas à ce qu'elle lui parle de son ancien amant, après s'être donnée à lui avec cette fougue. Une lueur amusée passa dans ses yeux noirs.

— Tu dois penser que je suis une salope, fit-elle. Je viens de baiser avec toi que je connais à peine... Mais j'ai toujours été comme ça. Quand je croise un homme qui m'attire, je réagis comme un homme avec une femme. Je me l'offre. S'il veut de moi.

– Il n'y en a pas beaucoup qui doivent refuser, remarqua Malko.

Elle haussa les épaules.

– Peu importe. C'est vrai, en t'invitant ce soir, j'avais l'intention de faire l'amour avec toi. Mais ce n'était pas la seule raison. Je voulais aussi te parler de la mort de John. Je crois qu'il a été assassiné.

CHAPITRE XIV

Les yeux noirs de Dalila avaient repris leur expression farouche. Et elle tirait à petits coups nerveux sur sa Lucky, pour maîtriser son émotion. Malko réussit à ne rien laisser transparaître de ce qu'il éprouvait.

– Qu'est-ce qui te fait dire cela? interrogea-t-il d'une voix neutre.

Une lueur ironique apparut dans le regard de la jeune femme.

– Ne me fais pas croire que je suis la seule à y avoir pensé. Sinon, tu ne serais pas à Marrakech.

– Pourquoi?

Le sourire s'accentua.

– Tu appartiens à la même « maison » que John. Tu es ici pour essayer de comprendre ce qui s'est passé. Comme il vivait chez moi, c'est par là que tu as commencé ton enquête.

Que dire? Devant une femme aussi intelligente que Dalila, il était inutile de feinter. Malko choisit la franchise.

– C'est exact, fit-il. Nous pensons que le Boeing 737 de la RAM a été saboté, qu'il y avait une bombe à bord. Pour tuer John Melrose.

– Je le pense aussi, approuva Dalila.

– Tu sais qui a pu commettre ce meutre?

Elle le regarda bien en face.

– Malheureusement oui.

— Pourquoi « malheureusement »?

Elle ne baissa pas le regard.

— Parce que c'est à cause de moi... Puisque tu es de la maison, tu sais que j'ai un autre homme dans ma vie, le général Slimane Smaïn. Or, Slimane est *très* jaloux. Il m'avait fait jurer de ne plus recevoir John ici, à Marrakech. Il disait que cela le ridiculisait. Je lui ai promis, bien sûr. Mais j'ai reçu John. Je ne voulais pas qu'il aille à l'hôtel et puis, personne ne m'a jamais dicté ma conduite. Je pensais que s'il s'en apercevait, Smaïn me battrait, comme il l'a déjà fait. Jamais je n'aurais pensé qu'il s'attaquerait à John. (Sa voix se brisa.) Quand j'ai su que l'avion était tombé, j'ai d'abord cru à un accident, puis, j'ai parlé à des amis marocains. Ils étaient mal à l'aise et j'ai deviné la vérité. Quand j'en ai parlé à Smaïn, au téléphone, il a été si évasif...

— Tu l'as appelé pour lui parler de cela!

Elle sourit.

— Pas de chez moi, bien sûr. D'une cabine. Je n'ai pas insisté, je le connais. Il n'avouera jamais. Mais je suis sûre que c'est lui. Quand John venait ici, ce n'était pas pour travailler... Il restait tout le temps avec moi. Le jour de l'accident, il est parti directement de chez moi.

Elle se tut, visiblement bouleversée. Malko l'observait. C'était l'hypothèse « romantique » de la CIA. Les espions étaient aussi des hommes... Et la jalousie, un sentiment bien partagé. S'ils étaient sûrs de l'impunité, beaucoup se débarrasseraient de rivaux encombrants.

— Comment aurait-il pu faire? observa Malko. Nous sommes au Maroc, ici, pas en Algérie.

Dalila lui jeta un regard presque méprisant.

— Tu n'imagines pas sa puissance! Il a des agents partout. Il paie bien. La frontière est perméable. Il a pu faire fabriquer un engin explosif là-bas, le faire venir et le confier à un agent à Marrakech.

Depuis l'histoire du DC 10 de Brazzaville, Malko savait qu'il était relativement facile de mettre une bombe à bord d'un avion, avec quelques complicités locales. Surtout dans des pays où le bakchich est roi. Comme si elle lisait dans ses pensées, Dalila ajouta :

– Tu sais, il a suffi qu'un employé de l'aéroport dise à un copain qu'il avait un ballot de kif à transporter à Casablanca et qu'il fallait le charger clandestinement. Pour 20 dirhams, le type l'a fait.

– Mais comment savoir que John Melrose prenait cet avion ?

Elle haussa les épaules.

– Enfantin, il surveille les ordinateurs de toutes les compagnies aériennes, ou il a fait surveiller ma maison.

Un ange passa, serré dans une guêpière noire, portant voilette. En veuve, Dalila était vraiment très belle...

Malko avait une question sur le bout des lèvres.

– Pourquoi es-tu encore avec ce général Smaïn, puisque tu le trompes tellement ?

Avant de répondre, Dalila alluma une autre Lucky.

– Je pourrais te dire qu'il me fait chanter et ce serait presque vrai, dit-elle. Ma famille est encore en Algérie et il m'a toujours dit que si je le quittais, il se vengerait sur eux. Il est capable de le faire. Mais ce n'est pas la vraie raison... Il y a quelque chose chez lui qui m'attire. C'est plus fort que moi. Quand il m'approche, je fonds. C'est comme un sortilège.

– Mais comment te voit-il ?

– A Madrid. Dès que j'y suis, il vient. Il est même venu ici clandestinement, pour quelques heures, en prenant des risques inouïs. Juste pour me faire l'amour.

Elle tira vivement sur sa cigarette, et ajouta :

– En même temps, j'ai besoin de douceur. John était doux, il avait l'air romantique, même s'il ne l'était pas.

Elle baissa la tête. Malko était perplexe. D'elle-même, la jeune femme avait répondu à toutes les questions qu'il se posait. Cela ne serait pas la première fois que deux affaires se chevaucheraient. Les tambourins continuaient à résonner dans sa tête. On était en Orient où les choses n'étaient jamais simples. John Melrose avait mal choisi sa maîtresse.

– Il est possible que tu aies raison, reconnut Malko. La *Company* s'est demandé qui avait intérêt à se débarrasser de John Melrose, à part les islamistes. Or, tu n'es pas précisément de leur côté.

– Non, pas vraiment, fit-elle avec un sourire appuyé.

Il chercha son regard.

– Je crois donc que mon séjour à Marrakech ne va pas se prolonger.

Quelque chose le retenait de lui parler du commando islamiste. Il repensa à la photo...

– Sais-tu ce que John Melrose devait faire après Marrakech? demanda-t-il.

– Vaguement. Il allait d'abord à Madrid, où il devait voir une de mes amies, femme de diplomate. Puis, il revenait à Casablanca pour rencontrer un de ses informateurs, un journaliste marocain.

– Tu sais son nom?

Elle lui adressa un sourire bref.

– Non, mais *toi*, tu dois savoir.

– Il ne t'a pas montré une photo?

Elle fronça les sourcils.

– Une photo? Quelle photo?

Malko avança un pion de plus.

– Celle d'un homme qu'il cherchait à identifier. Un islamiste rencontré à Peshawar.

– John cherchait toujours à identifier des islamistes, dit-elle. Il tenait à jour des petits tableaux sur des feuilles de carton blanc. Mais il ne parlait pas beaucoup de son job. A cause de Smaïn.

L'enquête s'arrêtait là. Malko enfila sa chemise. Dalila lui jeta un coup d'œil étonné, et ironique.

– Tu ne restes pas? Tu as peur de Slimane?

TUERIE À MARRAKECH

Piqué au vif, Malko retira sa chemise. C'était idiot. Rien ne l'attendait à *La Mamounia*, sauf peut-être Lamia...

– Je n'ai pas peur et je reste, dit-il.

**
*

Saïd faillit passer sous les pieds d'un cheval de fiacre, dans sa hâte d'atteindre la Mercedes de Malko. A peine était-il installé qu'il jeta à celui-ci un coup d'œil presque angoissé.

– J'étais inquiet.

Malko était resté jusqu'à midi chez Dalila. Ils avaient refait l'amour durant la nuit, la dernière fois sur la terrasse dominant toute la médina. Lorsqu'il s'était réveillé, Dalila, déjà habillée, l'attendait à côté du petit déjeuner... Le temps de récupérer, de se faire reconduire à *La Mamounia* et de prendre une douche, l'heure du rendez-vous avec Saïd était largement dépassée.

– Tu avais peur que la Gazelle m'ait dévoré?

Le Marocain ne rit pas.

– J'ai vu celui qui t'a poussé, hier soir, lança-t-il. Il l'a fait exprès.

L'adrénaline se déversa comme un torrent dans les artères de Malko. Il avait presque oublié l'incident du charmeur de serpents, se persuadant qu'il s'agissait d'une bousculade involontaire.

– Raconte-moi, demanda Malko.

– J'étais dans la foule, pas loin de toi. J'ai vu un grand type costaud, avec un jean et une chemise verte rayée, qui se faufilait derrière toi. Un genre de lutteur : les cheveux très courts, un sparadrap dans le cou, des épaules énormes. L'air très méchant. Il te regardait et j'ai cru qu'il voulait te poignarder. Comme la foule était très dense, j'ai fait le tour, afin d'arriver devant toi, pour te faire signe. C'est là qu'il t'a poussé et j'ai donné un grand coup de pied au serpent, que Dieu le maudisse!

Le malheureux cobra n'y était vraiment pour rien...

— Comment es-tu certain qu'il m'a poussé?

Saïd eut un sourire finaud.

— Il était très grand, je l'ai vu se faufiler hors de la foule, juste après. J'ai voulu le rattraper, mais il a disparu.

Etrange histoire. Donc, on avait bien voulu tuer Malko, ou au moins, le mettre hors d'état de nuire.

— Tu pourrais le reconnaître sur une photo? interrogea Malko.

— Oui, oui.

— Bien, je vais appeler Rabat.

Les Marocains avaient sans doute établi un portrait-robot du deuxième assassin des gendarmes. Cela valait la peine de faire le test. Saïd enchaîna :

— Après, j'étais très inquiet quand j'ai su que tu avais passé la nuit à Dar Ridala.

— Comment le sais-tu?

— Tout à l'heure, comme je ne te voyais pas, j'ai été traîner dans le coin. J'ai parlé à deux flics de la Sûreté. Ils m'ont dit qu'ils avaient vu la Mercedes de la Gazelle te raccompagner... Ce n'est pas tout, j'ai appris quelque chose de très important.

— Quoi donc?

— Quand la Gazelle a été dans le *ksar* de la vallée de l'Ourika, elle est repartie de la maison du moulin avec un gros paquet, qu'elle a mis dans son coffre.

— Des poteries?

— Je ne sais pas, mais ils ne fabriquent rien, là-bas. Attends, je suis retourné là-haut ce matin en taxi. Mon ami m'a dit qu'il y avait une tombe fraîche dans le terrain en pente, au bord de la rivière, près de cette maison-là...

Une tombe fraîche... Malko ne savait plus que penser.

— Tu l'as vue?

— Oui. De loin.

— Tu n'as pas demandé aux voisins?

TUERIE À MARRAKECH 173

– Ils ne diraient rien. Ils se soutiennent tous. Moi, ils me parlent parce que je suis un Berbère...

Malko se rapprocha du trottoir et s'arrêta à l'ombre. Il avait besoin de réfléchir. Les mystères s'accumulaient tout à coup. Qui pouvait avoir été enterré là, clandestinement ? Quel était le lien entre Dalila et ces paysans berbères ? Qu'avait-elle pu emporter ? Il y avait tellement de faits désassortis qu'il était impossible de bâtir une hypothèse cohérente. Malko se raccrocha à ce qu'il avait de plus solide : le portrait-robot.

– Tu vas continuer la filature de la Gazelle, dit-il à Saïd. Et cette nuit, nous irons dans ce *ksar*.

– Pour quoi faire ?

– Découvrir qui a été enterré là-bas.

Saïd ouvrit de grands yeux stupéfaits.

– Mais pour ça, patron, il faut...

– Eh oui ! confirma Malko, on prendra une pelle et une pioche.

Le Marocain, visiblement choqué, n'insista pas. Malko fit demi-tour, direction *La Mamounia*, et déposa Saïd au passage. Comment imaginer qu'une menace planait sur cette ville si calme, si pittoresque, où les hôtels touristiques avaient poussé comme des champignons... ? Le commando islamiste « Al Khatib al Maout », assassin des deux gendarmes et de Jawad Benjelloun, semblait se trouver à Marrakech, et sûrement pas avec de bonnes intentions.

Les chaises longues autour de la piscine de *La Mamounia* étaient presque toutes vides. Malko, après avoir tenté en vain de joindre Stanley Hurd pour lui réclamer la photo-robot, avait décidé de faire une sieste réparatrice... Il aperçut soudain, de dos, une femme allongée au bord de l'eau, vêtue d'un bikini minuscule. Une interminable natte d'un noir de jais serpentait le long de son dos jusqu'à la cambrure des fesses. L'arrondi de la croupe ne trompait pas. C'était Lamia. Malko s'approcha et se pencha sur elle, cherchant son regard derrière ses lunettes noires.

– Ton « fiancé » est parti?

Elle baissa lentement ses lunettes et il découvrit ses yeux rouges et gonflés.

– Ce salaud s'est tiré! souffla-t-elle. Que Dieu lui donne la peste!

– Que s'est-il passé?

Les yeux d'habitude si troubles de l'adolescente se remplirent de larmes.

– Hier soir, il a tellement insisté que je l'ai laissé me dépuceler, expliqua-t-elle. Avant qu'il m'ait acheté mon palais! A peine il m'avait plongé son truc dans le ventre qu'il se rhabillait et se tirait! En m'expliquant qu'il était resté avec moi pour ça. Que c'était inouï qu'une salope comme moi soit encore vierge. Tu te rends compte, ce porc! Moi qui croyais qu'il était amoureux... Tout ce qu'il voulait, c'était mon pucelage...

Elle reniflait pitoyablement.

– Ecoute, fit Malko, sois honnête. Ce n'était pas ton *vrai* pucelage. Tout ça était un marché de dupes.

– Ça ne fait rien, répliqua Lamia, têtue. Quand une femme souffre...

Elle lui jeta un regard noir.

– Et toi, tu étais où? Je t'ai appelé, toute la nuit.

– Je n'ai pas dormi ici...

Elle eut une moue méprisante.

– Tu as été attraper le sida avec une putain berbère! Leurs hommes baisent les chèvres.

– Les chèvres n'ont pas le sida, remarqua Malko, sauf si elles l'attrapent avec des hommes. Et je n'étais pas avec une putain berbère.

Furieuse, Lamia remit ses lunettes noires.

– Que vas-tu faire? demanda Malko.

– Je ne veux pas retourner à Rabat. Je reste quelques jours. J'ai un dîner demain, où je devais aller avec ce salaud. Tu veux venir avec moi?

— Si tu n'as pas peur que je te donne le sida...
— Idiot! Mais je ne peux même pas baiser, tellement ce salaud m'a déchirée.

Toujours pleine de poésie... Lamia lui rappelait, en plus pulpeux, Mandy-La-Salope. Mais celle-ci n'en était pas encore à se refaire des pucelages... En Angleterre, de toute façon, personne n'y aurait cru. Malko s'allongea près de Lamia. Il se demandait pourquoi les mystérieux terroristes ne frappaient pas, alors que chaque heure qui passait augmentait le risque qu'ils soient pris.

— La Sûreté nationale, la DST et la DGED nagent complètement, annonça Stanley Hurd. Ils pensent que les terroristes identifiés sont revenus dans le nord et qu'ils se cachent dans le Rif.
— Pourquoi?
— Des employés de la gare de Marrakech ont reconnu le tueur des gendarmes qui achetait deux billets pour Casablanca. A Marrakech, ils ne se sont pas manifestés. Tout est au point mort.
— Et la photo de John?
— On l'a comparée avec celles de tous les islamistes connus et répertoriés dans les *computers*. Sans résultat. A croire que ce type est venu d'une autre planète. Et vous?

Malko fit un rapport fidèle de ses découvertes. Stanley Hurd l'interrompit.

— C'est très possible que ce fumier de Slimane Smaïn ait fait sauter l'avion. C'était mon hypothèse. Les Services algériens ne reculent devant rien et ils ont été en contact avec assez de terroristes palestiniens pour savoir comment s'y prendre. En plus, pour eux, tuer quelques Marocains en prime, c'est tout bon...
— Donc, vous considérez le meurtre de John Melrose comme éclairci?

L'Américain hésita avant de corriger.
– En principe.
– Pourtant, Jawad Benjelloun n'a pas été tué par hasard, mais bien à cause de cette photo.
– Exact. Parce que *vous* lui avez demandé de l'identifier. Mais John Melrose ne l'avait pas encore fait. Et pour cause...
L'argument était imparable...
– Il reste autre chose, fit Malko qui n'avait pas livré tous ses arguments.
Il raconta l'histoire du paquet emporté par Dalila Villanova et de la tombe clandestine dans le *ksar* de la vallée de l'Ourika. Le chef de station de la CIA sauta au plafond.
– Jésus-Christ! Ça change tout. Même si je ne vois pas le lien entre les deux faits. Il faut aller voir.
– J'y retourne ce soir, assura Malko, mais ce n'est pas tout. Avez-vous des portraits-robots des deux tueurs des gendarmes?
– Pour Abdelkrim Tahrir, on a la photo de son permis, pour son copain « Gulgudine », un portrait-robot, oui. Pourquoi?
Malko le lui expliqua. L'Américain n'en revenait pas.
– Je vous faxe le portrait-robot. A première vue, ça pourrait coller. Ce type peut vous avoir retrouvé par hasard et penser que vous êtes sur sa piste.
– Ce serait une sacrée coïncidence, releva Malko, mais enfin...
Pour l'instant, il ne voyait pas d'autre explication.

Saïd attendait à côté de la gare routière des taxis collectifs, des Mercedes vertes qui desservaient tout l'Atlas. Il jeta à l'arrière un lourd sac de jute qui devait contenir des outils. Il ne semblait pas dans son assiette.

TUERIE À MARRAKECH

– Ça ne va pas, Saïd? demanda Malko.

Le Marocain lui fournit des explications embrouillées d'où il ressortait que les pilleurs de tombes étaient ensuite en butte à la vengeance des Djinns, qui les accablaient de toutes sortes de malédictions, toutes plus abominables les unes que les autres... On peut être *stringer* à la CIA et superstitieux.

– Pour ce job-là, promit Malko, vous aurez 1 000 dirhams.

De quoi éloigner quelques malédictions. Saïd se rasséréna. Avant de démarrer, Malko sortit le fax transmis par Stanley Hurd et le mit sous le nez du Marocain, après avoir allumé le plafonnier. Il n'attendit pas longtemps.

– C'est lui! Je le jure sur Allah! s'exclama Saïd.

– Sûr?

– Certain.

Malko embraya. Les Marocains se mettaient le doigt dans l'œil. Le commando « Al Khatib al Maout » était toujours à Marrakech...

Ils traversèrent la grande plaine plongée dans l'ombre, passèrent devant le *Lion de l'Ourika* fermé, pour aborder les premiers contreforts de l'Atlas, immense masse noire bouchant tout l'horizon. Comme ils grimpaient les premiers lacets, Saïd recommença à manifester de la nervosité.

– Si les gens du *ksar* nous surprennent en train de violer cette tombe, dit-il, ils vont nous tuer.

– Faisons en sorte qu'ils ne nous surprennent pas, conclut Malko.

CHAPITRE XV

Malko avait l'impression de se déplacer dans un pays abandonné par ses habitants. Pas une voiture sur la route, pas un passant, aucune lumière ne filtrait des maisons de pierres sèches des *ksaur* traversés. Les phares, à chaque virage, éclairaient des pans de montagnes sombres, hostiles. Les masses de rochers créaient une présence obsédante, pesante, inquiétante. A quelques dizaines de kilomètres de Marrakech, c'était un autre univers, la lune...

Le bruit du moteur de la Mercedes devait s'entendre à des kilomètres. Ils roulaient depuis quarante-cinq minutes et Saïd était de plus en plus nerveux.

– Arrêtez-vous ici ! demanda-t-il.

Ils arrivaient aux premières maisons du dernier *ksar*. Malko se gara sur un terre-plein, coupa le moteur et descendit. Le silence était minéral, troublé seulement par quelques cris d'oiseaux de nuit. Saïd chargea sa besace sur son épaule et dit à voix basse :

– Nous allons descendre ici et suivre la rivière. Surtout, ne parlez pas. Ils ont l'oreille fine.

Malko lui emboîta le pas. A peine avaient-ils parcouru une centaine de mètres, pour gagner le bord de l'Ourika, qu'un chien se mit à aboyer. Puis un autre et encore un autre... Très vite ce fut un concert assourdissant, éprouvant pour les nerfs. Saïd s'arrêta net et chuchota à Malko :

TUERIE À MARRAKECH

– Attendez, ils vont se calmer !

Ils restèrent tapis dans l'ombre un bon quart d'heure, puis reprirent leur progression en contrebas du village, le long de la rivière. Les chiens s'étaient tus, le grondement du torrent couvrait le faible bruit de leurs pas. La nuit était, heureusement, assez claire. Malko tourna la tête vers la droite et aperçut la masse sombre des maisons du *ksar*. Pas une lumière. Dans l'Atlas, on se couchait tôt... Saïd, qui marchait devant, leva le bras. Malko s'immobilisa. Le Marocain se retourna et dit à voix basse :

– Je vais reconnaître l'endroit et je reviens.

Il disparut dans l'obscurité. Malko, sur ses gardes, scrutait la nuit. Le silence était oppressant. Sans arme, en pleine montagne berbère, il se sentait bien vulnérable. Saïd resurgit et murmura :

– J'ai trouvé, annonça-t-il, mais il faut être *très* silencieux. Ce n'est pas loin de la maison.

Ils avancèrent sur le sol herbeux. Saïd s'arrêta au pied d'un arbre et sortit de son sac une bêche à manche pliant, puis l'enfonça dans l'herbe. Malko ne quittait pas des yeux la maison du moulin... On n'entendait que le bruit des pelletées de terre. Puis un son mou : la bêche avait heurté quelque chose. Malko s'approcha. Saïd creusait silencieusement avec ses mains. Il les fit glisser pour dégager la terre, puis saisit une lampe et l'alluma, promenant le faisceau à quelques centimètres d'une surface blanche.

Un linceul.

Saïd éteignit la lampe et dégagea la terre. Puis il prit un couteau très aiguisé et commença à découper le linceul. Il l'écarta et Malko, penché sur lui, aperçut des cheveux noirs et frisés. Il retint une nausée à cause de l'odeur *sui generis* qui montait de la tombe. Les gaz. Saïd dégagea le visage jusqu'au cou, puis retira vivement sa main, et ralluma sa lampe. Malko sentit un picotement d'horreur hérisser sa peau. Le cou avait été tranché ; une immonde balafre noirâtre au fond de laquelle on devinait déjà un grouillement de vers et d'insectes. Le mort avait été égorgé comme un mouton. A part la terre retenue dans sa moustache, son visage était totalement dégagé. Malko le contempla longuement.

C'était un homme jeune, pas plus de trente ans, de type arabe, avec le front plat et un nez proéminent. Il ferma les yeux, se remémorant un des deux fax envoyés par Stanley Hurd, l'après-midi même. A 99 %, il avait devant lui Abdekrim Tahrir, le tueur des deux gendarmes. Il aurait fallu plus de lumière et de temps pour en être certain...

Saïd poussa soudain un grognement étranglé et éteignit précipitamment la lampe. Une lumière jaune venait d'apparaître à une fenêtre de la ferme, au-dessus d'eux.

*
**

Malko eut l'impression que son pouls allait atteindre 200! Il aurait voulu s'enfoncer dans le sol meuble. Les deux hommes guettaient le néon blanchâtre. Pas un bruit ne venait de la ferme. Ils attendirent, retenant leur souffle et trois minutes plus tard, la lumière s'éteignit.

– Partons, supplia Saïd, mort de peur.
– Il faut refermer la tombe, conseilla Malko.

Le Marocain s'y employa tant bien que mal, remettant les mottes d'herbe en place. Si les occupants de la ferme ne venaient pas mettre leur nez dessus, ils pouvaient ne pas s'apercevoir de la profanation.

Saïd ne commença à respirer que plusieurs kilomètres après le *ksar*. Tout en négociant les virages, Malko cherchait à comprendre. Que s'était-il passé au sein du commando « Al Khatib al Maout »? Quel danger représentait-il pour eux, au point qu'ils cherchent à l'éliminer? Etait-ce sa première visite au *ksar* qui les avait alertés?

TUERIE À MARRAKECH

Tout avait une certaine logique tant qu'on n'introduisait pas le *joker*, Dalila Villanova...

Evidemment, sa visite pouvait n'être qu'une coïncidence, mais toute l'expérience de Malko lui disait que ce genre de coïncidence n'existait guère dans le Monde parallèle. Et là, son cerveau se bloquait : impossible de comprendre le lien qui unissait la beauté algérienne, maîtresse d'un général de la Sécurité militaire algérienne, aux fous furieux de Peshawar.

Le général Slimane Smaïn était un des adversaires les plus féroces du FIS et du GIA, le chef de file des « éradicateurs », ceux qui voulaient éliminer les intégristes par la force. Il avait fait torturer et exécuter des centaines de leurs membres en trois ans de répression atroce. On crevait les yeux, on émasculait, on tranchait les têtes, on brûlait vif les familles. Impossible de croire à une alliance, même provisoire...

A moins que Dalila Villanova ait eu un brusque revirement de conscience. La vie qu'elle menait à Marrakech plaidait peu en faveur de cette hypothèse... et il ne la voyait pas confectionner un engin capable de faire exploser un avion en plein vol. On revenait à l'hypothèse de la veille : Slimane Smaïn avait effectué un règlement de comptes qui n'avait rien à voir avec l'autre affaire...

Bizarre, bizarre, bizarre.

Lorsqu'il déposa Saïd, il n'avait pas résolu son équation.

– Qu'est-ce que je fais demain?

– Tu suis la Gazelle, dit Malko. Et tu me téléphones d'une cabine vers sept heures, à *La Mamounia*.

A peine dans sa chambre, Malko se versa une vodka prise dans le mini-bar et appela Stanley Hurd. C'était ennuyeux de lui parler en clair, mais les informations qu'il avait ne pouvaient pas attendre. L'Américain devait dormir ou jouer avec sa femme de chambre car il mit un certain temps à répondre.

– J'ai trouvé le commando « Al Khatib al Maout »,
annonça Malko.

Lorsqu'il eut terminé ses explications, Stanley Hurd
était complètement réveillé.

– J'appelle tout de suite le commissaire Afouani, dit
l'Américain. Il va être bluffé.

– Ne parlez pas encore de Dalila Villanova, demanda
Malko. J'ai besoin d'en savoir plus à son sujet. Ils
risqueraient d'agir trop brutalement. Notre seule
chance, si elle est impliquée dans cette affaire, c'est de
la prendre par surprise.

– Ça serait vraiment triste, conclut Stanley Hurd, car
cela voudrait dire que John Melrose a vraiment manqué
de flair.

Malko ne répondit pas. L'expérience lui avait appris
que souvent la « voix de la muqueuse » étouffait celle
de l'intelligence. De toute façon, si c'était le cas, John
Melrose avait payé très cher son manque de discerne-
ment.

*
**

Malko eut du mal à s'endormir. Dans sa rêverie
hypnagogique, la croupe insolente de Lamia et le visage
terreux du mort de l'Ourika se mélangeaient dans un
kaléidoscope surréaliste. Restait le problème Dalila.
Comment en savoir plus?

Il avait décidé de la laisser « reposer » vingt-quatre
heures, afin de voir ce que les Marocains trouveraient
dans l'Ourika. Le problème se résoudrait peut-être de
lui-même. Peut-être la filature de Saïd apporterait-elle
quelque chose.

Intellectuellement, Malko avait du mal à croire à sa
culpabilité. Si elle avait partie liée avec les terroristes
islamistes, elle était aussi responsable de la mort de
John Melrose.

La médaille d'or du double jeu était à sa portée.

TUERIE À MARRAKECH

*
**

La voix langoureuse de Lamia l'éveilla. Il faisait un temps de plomb, les oiseaux pépiaient et des avions d'entraînement ronronnaient dans le ciel.

– Tu n'oublies pas, pour ce soir, recommanda-t-elle. Je vais me faire très, très belle.

Il y avait de la promesse dans sa voix... Malko avait, hélas, la tête ailleurs.

– Tu connais une certaine Dalila Villanova? demanda-t-il. Elle habite une très belle maison de la médina.

Lamia en cracha de fureur.

– C'est chez cette salope que tu as passé la nuit! Elle baise même avec des boucs. C'est une putain d'Algérienne qui a fait fortune avec son cul... Elle a même couché avec le gouverneur de la willaya, un porc immonde, pour ne pas payer d'impôts.

– Tu crois qu'elle est pour les intégristes?

Lamia s'étouffa.

– Elle! C'est une putain sans vergogne et les intégristes n'aiment pas les putains. Si jamais ils prennent le pouvoir, elle sera obligée de porter le voile et de cacher sa gueule de pute.

Dalila Villanova était habillée pour plusieurs saisons...

Malko n'insista pas. Le portrait tracé par Lamia correspondait peu à celui d'une passionaria de l'islam pur et dur.

– Je serai éblouissante ce soir, lança Lamia, se vengeant par avance de l'intérêt que Malko avait osé porter à une autre femme.

*
**

Saïd tourna à fond les gaz de sa mobylette. Devant lui, la Mercedes de Dalila prenait de la vitesse. Ils se trouvaient entre le Palais de la Bahia et la porte Bab Ahmar, au sud de la ville. Il jura entre ses dents, ce n'était pas le moment de la perdre, d'autant qu'elle était seule, comme le jour où elle s'était rendue dans l'Ourika.

Heureusement, avant d'arriver aux murs ceignant le quartier de Sidi Youssef Ben Ali, elle se gara sur une petite place en face de la mosquée M'Sala et sortit du véhicule. Elle portait sa tenue bleue habituelle, blouse ample, pantalon et foulard noué sous le menton, à laquelle même un islamiste n'aurait rien pu redire, et des lunettes noires. On ne voyait que ses chevilles et le bas de son visage. Il remarqua qu'elle n'était pas maquillée. Elle s'enfonça à pied dans la rue M'Sala, Saïd gara sa mobylette. Qu'allait-elle faire dans ce quartier populaire? A moins qu'elle n'aille rendre visite à un artisan. Dans la foule compacte, il était facile de la suivre sans se faire remarquer. Elle dominait les gens d'une bonne tête.

Cinq cents mètres plus loin, la femme en bleu tourna à droite, se dirigeant vers une autre mosquée toute neuve. Elle passa devant et entra dans une petite bijouterie qui exposait de superbes diadèmes berbères dans sa minuscule vitrine. Saïd s'arrêta un peu plus loin, déçu. Elle était tout simplement venue acheter des bijoux... Il alluma une cigarette... Quelques minutes plus tard, Dalila ressortit de la boutique, regarda autour d'elle, le repéra, appuyé à une charrette, et lui fit signe d'approcher!

Médusé, le cœur battant la chamade, Saïd ne bougea pas. Dalila vint alors à sa rencontre, arborant un sourire encourageant. Entre les lunettes noires et le voile, il ne distinguait d'elle que sa grosse bouche plus pâle que d'habitude.

– *Salam Aleykoun*, dit-elle poliment.

TUERIE À MARRAKECH

— *Aleykoun Salam*, répondit Saïd d'une voix étranglée.

La jeune femme le regarda fixement.

— Je te connais toi. Tu n'es pas guide?

— Si, si, balbutia Saïd. Je te connais aussi.

— Cela tombe bien, fit Dalila. Je cherchais quelqu'un pour me rendre un service. Si tu veux gagner 10 dirhams...

— Bien sûr, accepta Saïd, intrigué.

— Il faut que tu coures chez moi, Dar El Rif. Tu demandes mon chauffeur Omar et tu lui donnes un mot que je vais t'écrire. Il faut qu'il m'apporte un bijou tout de suite. Viens jusqu'à la boutique.

Saïd la suivit et entra derrière elle. Il y avait trois personnes à l'intérieur. Un jeune, au visage fin, derrière le comptoir, vêtu d'une *kamiz*, un bonnet blanc sur la tête, et deux hommes debout contre le mur. Un était inconnu de Saïd, moustachu, jeune et frisé. La vision de l'autre lui envoya une coulée glaciale le long de la colonne vertébrale : c'était le grand costaud qui avait poussé son patron vers le cobra.

Bêtement, Saïd avait suivi Dalila jusqu'au milieu de la boutique. L'homme aux cheveux rasés se trouvait maintenant entre lui et la porte. A cause du rideau, on ne pouvait voir de l'extérieur ce qui se passait dans la boutique. Saïd regardait cette porte comme si c'était celle du paradis.

Un silence pesant régnait dans la petite échoppe. Il fut rompu par Dalila qui apostropha sèchement Saïd.

— Comment t'appelles-tu?

— Saïd Boukala.

— Cela fait plusieurs jours que tu me suis, lança-t-elle. Tu travailles pour qui?

Le Marocain fit comme s'il n'avait pas entendu et parvint à demander d'une voix presque normale :

— Tu me donnes le papier, *lalla*? (1)

_____

(1) Madame.

Comme Dalila Villanova ne bronchait pas, il fit demi-tour, arborant son sourire le plus niais, et s'avança vers la porte. Il ne l'atteignit jamais. Le bras de l'homme au crâne rasé se détendit comme un piston hydraulique et cinq doigts durs comme du tungstène le saisirent à la gorge. Il sentit les cartilages de son larynx craquer et entendit la voix de Dalila.

– Ne le tue pas, Gulgudine!

Suffocant, Saïd arriva à faire entrer un filet d'air dans ses poumons. A travers ses larmes, il voyait le regard sombre et impitoyable de Gulgudine qui, de toute évidence, n'avait pas envie d'obéir à Dalila. C'est le bijoutier qui lui obtint un sursis.

– Ne restez pas là, descendez, lança-t-il d'une voix anxieuse.

Le copain de Gulgudine se précipita, tira un anneau dans le sol de l'arrière-boutique et souleva une trappe carrée. Gulgudine, tenant toujours Saïd à la gorge, le porta littéralement jusqu'au bord de l'ouverture. Saïd aperçut un sous-sol noir et une échelle de bois. Gulgudine le poussa jusqu'à ce qu'il s'engage dedans, appuyant sur sa tête pour qu'il descende plus vite.

A peine eut-il atteint le sol que Gulgudine sauta avec souplesse près de lui et alluma une ampoule qui pendait du plafond. Terrifié, Saïd recula jusqu'au mur du fond. La pièce, au sol de terre battue, ne devait pas faire plus de vingt mètres carrés. Avec une lenteur qui tordit l'estomac de Saïd, Gulgudine tira de sa ceinture un long poignard à la lame légèrement recourbée. Un couteau de boucher *hallal*.

A son tour, Dalila descendit l'échelle et vint se planter en face de Saïd, livide.

– Tu travailles pour la Sûreté nationale?

Saïd, incapable de répondre, sentit sa pomme d'Adam effectuer plusieurs aller-retour. Gulgudine le décolla du mur et se plaça derrière lui. Il sentit son odeur d'athlète mal lavé, et celle de sa propre peur. Le

TUERIE À MARRAKECH 187

poignard se posa contre son cou, à l'horizontale, le tranchant contre la peau. Le froid de l'acier vida le cerveau de Saïd qui implora silencieusement Dieu.

— Réponds!

La voix de Gulgudine avait claqué comme un fouet. Saïd remarqua que Dalila avait ramené son foulard sur le bas de son visage, ne laissant pratiquement que ses yeux découverts.

— Non, non, je ne te suis pas, réussit à jurer Saïd. Je le jure sur Dieu.

Dans son dos, Gulgudine émit un grognement. Avec la délicatesse d'une dentellière, il promena le tranchant de sa lame sur la gorge de Saïd, creusant un léger sillon où le sang se mit à perler. Saïd avait l'impression qu'on le brûlait au fer rouge. Il entendit, comme dans un cauchemar, Gulgudine lancer d'une voix calme :

— Je n'aime pas que tu blasphèmes le nom de Dieu par un mensonge. Encore un et je t'égorge.

La Gazelle, debout en face de lui, demeurait muette.

Plus mort que vif, Saïd prit son courage à deux mains pour affirmer :

— Qu'Allah m'entende, je ne travaille pas pour la Sûreté.

Une sueur âcre dégoulinait le long de son torse et il réprimait une furieuse envie de faire pipi... Il devait y avoir une intonation de vérité dans son serment, car Gulgudine ne l'égorgea pas. Le répit fut de courte durée.

— Alors, qui t'a payé pour la suivre? lança Gulgudine. Pour faire le *h'nouche*.

Saïd chercha désespérément une réponse qui lui évite d'être égorgé, tout en sauvegardant l'essentiel. Il crut avoir trouvé et affirma d'une voix plaintive.

— Elle est si belle! J'aime la regarder.

Son explication tomba à plat. La voix rêche de Gulgudine siffla à son oreille.

– Si tu pensais à Dieu au lieu d'avoir des pensées impures, tu ne serais pas ici.

Une main crochée dans son épaule, il le fit pivoter. Le regard de ses yeux noirs était presque insoutenable. Saïd se mit à trembler comme une feuille, persuadé qu'il allait l'égorger sur-le-champ.

Avec un très sale sourire, Gulgudine empoigna de sa main gauche le haut de l'oreille droite de Saïd, comme à un gamin qu'on va gronder. Saïd vit à peine le geste, mais sentit une brûlure atroce sur le côté de son crâne, puis la sensation d'un liquide chaud dégoulinant le long de son cou. Il lui fallut faire un effort d'imagination pour comprendre que le morceau de chair rougeâtre que Gulgudine brandissait devant son nez était *son* oreille, attachée à son crâne quelques secondes plus tôt.

Il hurla, de douleur et de terreur.

Gulgudine lui jeta un linge sale à la volée.

– Essuie-toi, chien !

Il tamponna l'emplacement de son oreille, fou de terreur. Gulgudine vint se planter en face de lui.

– Je t'ai dit qu'il ne fallait pas mentir, cracha-t-il. Tu as cinq minutes pour demander pardon à Dieu, ensuite, nous recommençons l'interrogatoire. Si tu mens encore, on te coupe l'autre oreille. Ensuite le nez. Ensuite... (Son regard se baissa sur son entrejambe.) ce qui t'empêche de penser à Dieu, chien immonde. Tu as compris ?

Les yeux révulsés, Saïd ne répondit pas, essayant de discerner une idée claire à travers la peur et la souffrance aiguë qui le taraudaient.

Gulgudine se tourna vers Dalila et lui jeta rudement :

– Je n'ai plus besoin de toi. Va-t'en !

Sans un mot, la fière jeune femme se dirigea vers l'échelle. Gulgudine attendit que la trappe se soit refermée pour demander :

– *Qui* t'a donné l'ordre de la suivre?

Saïd ferma les yeux. Il était arrivé au bout du chemin. Il maudit le goût du lucre qui l'avait poussé à travailler pour les Américains. Il sentait que cet énergumène était prêt à lui arracher jusqu'à la dernière parcelle de vérité...

CHAPITRE XVI

Lamia s'approcha de Malko. Pour être éblouissante, elle l'était. Pulpeuse jusqu'au bout des ongles, sa grosse bouche en avant, le regard noyé et trouble, l'expression tellement sensuelle qu'on avait la sensation que, si on l'effleurait, elle allait se mettre à couler. Ses seins orgueilleux pointaient sous une simili-tunique de gladiateur en lamé argent, assez souple pour les mouler jusqu'aux pointes. Une jupe noire extra-courte enserrait sa croupe callipyge et l'argent reprenait jusqu'aux escarpins assortis.

– Je te plais? minauda-t-elle. Les gens chez qui on va connaissent mon « fiancé ». Ils lui diront comment j'étais et il en sera malade... On y va?

Malko consulta sa montre. 7 h 30.

– Un moment, j'attends un coup de fil.

Il était inquiet. Saïd ne lui avait pas donné signe de vie comme convenu.

Lamia le foudroya du regard.

– Ce n'est pas cette chienne de Dalila qui doit appeler?

– Absolument pas.

Elle s'assit sur le bord du lit, boudeuse, et Malko ne put s'empêcher d'effleurer sa poitrine à travers la cotte de mailles, ce qui fit dresser les pointes de ses seins. Il n'avait eu aucun *feed-back* de Rabat et c'était étonnant

TUERIE À MARRAKECH

aussi. Il ne fallait pourtant pas longtemps à la police marocaine pour monter dans la vallée de l'Ourika...

Au moment où il allait se décider à partir, le téléphone sonna. Il décrocha l'appareil chromé à la tête du lit.

— Allô?

— Monsieur Malko?

— Oui.

C'était Saïd. Essoufflé.

— J'ai du nouveau, annonça le Marocain. Mais il faudrait que tu viennes me chercher. J'ai crevé avec ma mobylette.

— Où es-tu?

— Devant le restaurant *Chez Ali*. C'est un endroit très connu en dehors de la ville. Je serai près de l'entrée.

Il avait déjà raccroché.

— Tu connais *Chez Ali*? demanda Malko à Lamia.

Elle fit la moue.

— C'est bon pour les touristes. Il y a des « fantasias » tous les soirs. On mange sous la tente comme des Bédouins. C'est très loin. Mes amis nous attendent.

— Je vais t'y déposer, proposa Malko, et aller à mon rendez-vous. C'est important pour l'affaire dont je m'occupe.

Folle de rage, Lamia fit de sa voix flûtée :

— Jamais je n'irai seule. Je viens avec toi. D'ailleurs, sans moi, tu ne trouveras jamais, c'est en plein désert.

Cinq minutes plus tard, ils remontaient l'avenue Mohammed V vers le nord, pour rejoindre la route de Casablanca. Laissant le circuit de la palmeraie à leur gauche, ils continuèrent quelques kilomètres, puis Malko aperçut un panneau indiquant *Chez Ali*. Il fallait quitter l'autoroute de Casablanca et prendre à gauche. Il s'enfonça dans un grand désert plat parsemé de quelques maisons.

Tous les deux kilomètres, il y avait un nouveau panneau *Chez Ali*. Il se retourna : la grande route n'était plus visible. Il roulait sur une sorte de piste qu'on distinguait à peine en plein désert. Renfrognée, Lamia boudait, secouée par les cahots.

– C'est encore loin? demanda Malko.

– Trois ou quatre kilomètres.

Il atteignit finalement un long mur ocre au milieu de nulle part, le longea et ses phares éclairèrent une entrée digne de Disneyland. Un portail de bois clouté monumental, à deux battants, flanqué de deux hautes tours crénelées. Il stoppa devant et le faisceau lumineux éclaira un écriteau « Fermé le lundi ».

Justement, on était lundi. Il descendit, vit le parking vide. Impossible de pénétrer dans le restaurant. Lamia le héla de la voiture.

– Qu'est-ce que c'est que cette plaisanterie...

– Je ne sais pas, avoua Malko inquiet.

Son pouls monta brutalement. L'appel de Saïd, qui lui avait paru complètement normal, prenait maintenant une signification totalement différente, dans cet endroit désert.

Il regarda autour de lui. L'obscurité ne permettait pas de voir très loin, même si la nuit était claire.

Où pouvait se trouver Saïd? Le Marocain avait forcément vu la voiture arriver. Pourquoi ne se manifestait-il pas?

– On y va! trépigna Lamia de sa voix de petite fille.

– Une seconde! fit Malko.

Il venait d'apercevoir une cabine téléphonique, à une trentaine de mètres. Il s'y rendit à pied. Devant, la mobylette de Saïd était posée sur sa béquille. Personne dans la cabine. Il la contourna et aperçut une forme humaine, un homme assis par terre, le dos appuyé à la cabine, la tête sur la poitrine. Il n'eut pas besoin de se pencher pour comprendre qu'il s'agissait d'un cadavre. Saïd ne lui avait pas posé de lapin.

D'après l'affreuse blessure au cou et le plastron de sang à peine séché par le vent du désert qui imprégnait sa chemise, il avait été égorgé d'une oreille à l'autre. Et

TUERIE À MARRAKECH

une plaie béante s'ouvrait sur le côté droit de son crâne. Avant de le tuer, on l'avait mutilé. Des mouches bourdonnaient autour du sang coagulé... Malko se redressa avec un haut-le-cœur et se hâta vers la voiture.

Son cœur cognait dans sa poitrine. Si on l'avait entraîné si loin, ce n'était pas seulement pour qu'il voie le cadavre de Saïd... Il fonça à la voiture, se laissa tomber au volant et se tourna vers Lamia.

– Il n'y a qu'une seule route pour revenir vers la palmeraie?

– Oui. Pourquoi?

Heureusement qu'elle n'avait pas vu le cadavre...

De mauvaise humeur, elle grommela.

– Ton copain t'a posé un lapin et on va être en retard.

Il ne répondit pas. Sans arme, il n'avait qu'une chose à faire : regagner des parages moins désolés au plus vite.

Il passa la première et démarra en trombe, longeant le mur d'enceinte de *Chez Ali*. Juste après avoir tourné le deuxième coin, il dut freiner brutalement. Une charrette à bras abandonnée barrait toute la route! Lamia éructa quelques obscénités dans sa langue. Malko n'hésita pas. A cet endroit, le fossé n'était pas profond. Il lança la voiture en biais et le franchit, cahotant dans la pierraille.

Il aperçut trop tard un long objet noir en travers du chemin. Il eut beau freiner, la voiture continua sur son élan. Il eut l'impression de passer sur un trottoir, puis la Mercedes se mit à tanguer et la direction devint incroyablement dure entre ses mains.

L'objet posé sur la route était une herse dont les pointes avaient crevé au moins deux de ses pneus. Il essaya néanmoins de continuer, mais le moteur cala. Lamia poussa une exclamation effrayée.

– Qu'est-ce qui se passe?

– Nous avons crevé, il faut continuer à pied.

194 TUERIE À MARRAKECH

– A pied! s'exclama-t-elle, mais c'est très loin.
– Nous n'avons pas le choix.
Les premières lueurs semblaient à des kilomètres. Il baissa la glace de son côté et n'entendit que le sifflement du vent. Son estomac était noué. On lui avait tendu un piège. Dans l'obscurité, il n'y voyait qu'à quelques mètres.
Il ouvrit la portière d'un coup d'épaule et fit sortir Lamia de la voiture. Elle regarda autour d'elle et frissonna.
– J'ai peur, dit-elle soudain, tu ne me dis pas tout.
– Tout va bien se passer, assura-t-il.
Il la prit par la main et l'entraîna sur la route. La Mercedes, phares allumés, ressemblait à un navire abandonné en pleine mer.
Soudain, trois silhouettes surgirent de l'obscurité, déployées à dix mètres l'une de l'autre, marchant à leur rencontre. Malko s'arrêta net. Les trois agresseurs progressaient silencieusement. Même si ces hommes n'étaient armés que de couteaux, il n'avait aucune chance, à mains nues. Il se retourna vers Lamia.
– Repars vers le restaurant. Vite. Essaie de te cacher. Appelle la police de la cabine. Je vais tâcher de les retenir.
– Mais qu'est-ce qu'ils veulent? demanda la jeune Marocaine, terrifiée.
– Pas du bien, fit sobrement Malko.
Il poussa Lamia en arrière et elle se mit à courir maladroitement sur les cailloux. Un coup de feu claqua devant lui. La détonation, à cause du vent, ne portait pas loin. Donc, ils avaient *aussi* des armes à feu et ses chances, déjà minuscules, s'amenuisaient encore. Lamia s'arrêta net à quelques mètres et cria de sa voix de petite fille.
– Je ne veux pas mourir!
– Cours! hurla Malko.
Elle repartit après s'être déchaussée, abandonnant ses beaux escarpins brillants sur le sol noir. Malko fit face

TUERIE À MARRAKECH

aux trois silhouettes qui avançaient en arc de cercle, lui interdisant de prendre la direction des lumières. Comment leur échapper? Vu la situation, il n'avait aucune chance de trouver de l'aide. La zone habitée – la palmeraie – se trouvait beaucoup plus à l'est, vers la grande route. Derrière lui, à l'ouest, le désert s'étendait sans la moindre habitation jusqu'aux premiers contreforts de l'Atlas. Il pouvait courir toute la nuit, ne rencontrant que des chèvres et des figuiers de barbarie. Mais il succomberait de fatigue avant.

Il était piégé comme un chevreuil par une meute. Rassuré que Lamia se soit enfuie, il se dit que tant qu'il y a de la vie, il y a de l'espoir, et il fonça vers les montagnes.

**
*

Gulgudine, haletant, jeta d'une voix furieuse à Rachid :

– Ne tire plus! Je veux le tuer moi-même.

Penaud, Rachid remit son pistolet dans sa ceinture. A côté de lui, Gulgudine courait comme on le lui avait appris en Afghanistan : courbé en deux, à longues enjambées, rejetant régulièrement l'air de ses poumons en soufflant très fort. Son poing droit était crispé sur son poignard de boucher *hallal*, celui qui servait aux exécutions. Il anticipait déjà la joie d'égorger l'incroyant qui s'était mis en travers de leur chemin... C'est lui qui, après la « confession » de Saïd, avait eu l'idée de ce piège en plein désert.

Ils avaient laissé Saïd dans le sous-sol de la bijouterie toute la journée. La nuit tombée, Gulgudine l'avait fait monter dans leur voiture conduite par Rachid. Hassan avait conduit la mobylette jusqu'à l'entrée de *Chez Ali*. Ils avaient dissimulé la voiture de l'autre côté du restaurant. Après avoir forcé Saïd à téléphoner, ils l'avaient égorgé puis coupé l'alimentation du taxiphone... Ils avaient pris le temps d'une rapide prière

– c'était un musulman – avant d'aller installer la charrette et la herse volées chez les gendarmes.

Gulgudine avait été surpris de voir sortir deux personnes de la voiture du *roumi*. Comme la seconde était une femme, cela n'avait aucune importance. Elle serait égorgée aussi. Ce ne pouvait être qu'une putain, pour être dehors à cette heure avec un étranger...

Devant lui, le *roumi* courait en plein désert caillouteux. Rachid l'avait pris en chasse sur sa gauche et, grâce à son entraînement exceptionnel, il l'avait presque rattrapé. Bientôt il n'aurait plus qu'à se rabattre sur sa droite pour l'hallali. Gulgudine éprouvait un plaisir physique à mener cette traque pour la plus grande gloire de Dieu.

Il bénissait Brahim, son « émir » de Peshawar, qui lui avait rappelé que le Coran ne conseillait pas seulement de jeûner et de prier, mais aussi de tuer tous ceux qui se mettaient en travers de la volonté de Dieu. Tous les corrompus sur la terre.

En découvrant à Marrakech les hordes de touristes, les femmes aux jambes nues et au visage maquillé, effrontées comme des putains berbères, Gulgudine avait senti sa détermination encore renforcée. Il fallait porter un coup d'arrêt à cette abomination tolérée par le roi Hassan II, pourtant Commandeur des croyants.

Devant lui, l'homme traqué changea légèrement de direction.

– A gauche! hurla Gulgudine de toute la force de ses poumons.

La distance entre eux diminuait régulièrement. Gulgudine, en sueur, soufflant comme une forge, salivait à l'idée d'enfoncer son couteau *hallal* dans cette gorge impure.

Malko courait, la bouche ouverte, essayant de chasser l'air vicié des ses poumons. Le point de côté qui élançait son flanc droit lui faisait de plus en plus mal. Par moments, il était obligé de ralentir pour ne pas suffoquer. Comme à chaque fois qu'il faisait un violent effort, son poumon droit, où il avait jadis reçu une balle (1), se rappelait à son souvenir... Il se retourna. La sueur brouillait sa vision, mais assurément ses trois poursuivants gagnaient du terrain. Surtout celui à sa gauche, qui le dépassait même légèrement. Ils étaient plus rapides que lui, qui s'épuisait sur le sol inégal, se cognant douloureusement les pieds sur les cailloux et les aspérités. Il lui aurait fallu des baskets.

Devant lui, la ligne des montagnes semblait reculer au fur et à mesure qu'il avançait, comme s'il courait sur un tapis roulant. Il filait comme un canard à la tête coupée, droit devant lui, sans but, simplement pour gagner quelques minutes de vie. Il hésita quelques secondes. Son cœur devait être à 180, il était trempé de sueur, malgré la fraîcheur de l'air. Lamia avait disparu. Elle aurait une bonne chance de s'en sortir.

Son cerveau lui disait d'accélérer, mais ses jambes lourdes refusaient de lui obéir. Il avait l'impression de s'enfoncer dans le sol rugueux... Celui de ses poursuivants qui l'avait doublé se rabattit, venant sur lui. Tétanisé, Malko stoppa, incapable de se remettre en route pour échapper à ce danger immédiat. Son pied buta sur une pierre grosse comme une balle de tennis. Il la ramassa. Avec un peu de chance, il pourrait éliminer son adversaire le plus proche, et se donner le temps de souffler.

Lamia trébucha, se redressa de justesse. Le lourd lamé d'argent semblait une tunique de Nessus! Elle s'en serait bien débarrassée, mais elle avait honte, même en plein désert, de se retrouver torse nu. Respirant de la

---

(1) Voir SAS n° 12 : *Les trois veuves de Hong-Kong.*

poussière, elle resta là, la bouche ouverte, comme un animal traqué, ne pouvant plus bouger...

A cause du vent, elle n'entendait rien.

Elle avait rebroussé chemin vers l'entrée du restaurant, et se trouvait maintenant au dernier coin du mur. Personne ne semblait plus la poursuivre, mais la peur au ventre, elle repartit, les jambes griffées par les épineux. Elle tourna le coin et se retrouva près de la cabine téléphonique, à l'entrée du restaurant. « Appelle la police! » lui avait crié Malko.

Elle fonça dans la cabine, sans même prêter attention au cadavre de Saïd. Elle décrocha et réalisa immédiatement qu'il n'y avait pas de tonalité. La porte refermée sur elle, elle resta immobile, la bouche ouverte, hébétée. Le lamé d'argent la serrait comme une armure. N'y tenant plus, elle le fit passer par-dessus sa tête et le posa sur ses genoux. Aussitôt, elle se mit à claquer des dents, sans savoir si c'était la terreur ou le froid du désert qui la glaçait.

Une heure plus tôt, elle était encore à *La Mamounia*, sûre d'elle et de sa beauté. Un sanglot lui brûla la gorge. Tassée dans la cabine, elle pensa à Malko. Etait-il encore vivant?

Rachid arriva à quelques mètres de Malko immobile. Il se contenta de se rapprocher, pour empêcher leur proie de fuir. L'honneur de son exécution revenait à Gulgudine, qui serait là dans une poignée de secondes. Rassuré par l'immobilité du *roumi,* figé comme un cerf fatigué de lutter, Rachid se rapprocha encore. Il ne put éviter la pierre projetée à toute volée. Elle le frappa à la mâchoire, lui arrachant un cri de douleur. Le maxillaire fracturé, il tomba à terre dans un éblouissement de douleur.

Profitant de la brèche, le fugitif repartit de plus belle, vers le nord cette fois.

Gulgudine poussa un hurlement de rage, et infléchit sa course lui aussi. Hassan, à son tour, bifurqua. Fouettés par leur déception, les deux hommes couraient encore plus vite. Rachid se releva et partit derrière eux, en dépit des élancements horribles de sa mâchoire brisée. Ils n'étaient pas vraiment inquiets : grâce à l'entraînement impitoyable de leurs instructeurs pakistanais, ils étaient sûrs de rattraper leur victime.

L'espoir de Malko fut de courte durée. Après quelques centaines de mètres, son point de côté le reprit, lui coupant le souffle. Il était encore à plusieurs kilomètres de la première habitation. Jamais il n'y parviendrait. Son stratagème ne lui avait fait gagner que quelques minutes de vie.

Concentré sur sa respiration, il ne vit pas une dénivellation de terrain, rata un pas et tomba lourdement.

Derrière lui, il entendit le rugissement de triomphe de son poursuivant le plus proche. Cette fois, c'était fini.

CHAPITRE XVII

La tête de Malko heurta violemment le sol. Etourdi,
il tenta de se relever, et c'est alors qu'il aperçut deux
points blancs qui sautillaient au ras du sol, dans le
lointain. Il crut d'abord à une illusion d'optique. Il se
redressa, s'obligea à les fixer. Ils continuaient à briller,
se déplaçant assez vite.

Il lui fallut encore un instant pour réaliser qu'une
voiture roulait pleins phares sur le chemin du restaurant
Chez Ali. Elle n'avait pas encore atteint la Mercedes
immobilisée, pneus crevés, mais la distance diminuait
rapidement. Les phares de la voiture de Malko éclairaient toujours le désert, là où il l'avait abandonnée.

Son pouls grimpa comme une flèche. Une voiture,
c'était une chance inespérée de salut. Elle se trouvait
environ à quinze cents mètres, la distance qu'il avait
parcourue.

D'un coup, il fut sur ses pieds, oubliant sa fatigue. Il
démarra comme un coureur de cent mètres, surprenant
ses poursuivants par son nouveau changement de direction. Il entendit des cris furieux, des exclamations en
arabe, et accéléra encore sa course. Il ne sentait plus
son point de côté, ni l'air brûlant qui allait faire
exploser ses poumons. Il semblait voler sur le sol inégal.
Il réussit à reprendre un peu d'avance. Devant lui, la
voiture avançait toujours, perpendiculairement à lui, se
rapprochant de la charrette qui bloquait le chemin.

TUERIE À MARRAKECH

Leurs trajectoires convergeaient, ce qui réduisait la distance plus rapidement. Mais arrivée à l'obstacle, si la voiture faisait demi-tour, Malko ne parviendrait plus à la rattraper...

Il mobilisa toute son énergie, dans un effort désespéré. Encore trois cents mètres. La voiture stoppa devant le barrage. Ses occupants devaient se demander ce que cela signifiait : la charrette en travers du chemin et la Mercedes abandonnée tout à côté, vide, ses phares allumés. Tout en courant, Malko se mit à agiter les bras dans l'espoir d'attirer l'attention. Les secondes s'écoulaient, la voiture ne repartait pas. D'un coup d'œil par-dessus son épaule, Malko vit ses poursuivants à cent mètres derrière lui. Cela ne lui laissait pas beaucoup de marge. Il pria intérieurement pour que le conducteur cherche à contourner le barrage. Mais où pouvait-il se rendre, puisque le restaurant était fermé ?

Un coup de feu claqua derrière lui.

Ses adversaires abandonnaient toute prudence. Eux aussi avaient vu la voiture. La gorge de Malko se noua. Elle avait commencé à reculer, amorçant un demi-tour !

Il demanda à son corps épuisé un ultime effort. La bouche ouverte, il courait comme un automate, ne voyant plus que le faisceau des phares. De nouveau, il infléchit sa course, afin d'arriver *devant* le véhicule en train de terminer son demi-tour. Il n'était plus qu'à quelques foulées du chemin. Il franchit les derniers mètres à une vitesse record et soudain, sentit sous ses pieds un sol plus égal : il avait atteint la piste !

La voiture se trouvait maintenant sur sa droite, et venait vers lui. Il fonça, agitant frénétiquement les bras. Droit sur les phares. Le véhicule ne ralentit pas. Le conducteur, quel qu'il soit, avait des excuses : la vision de cet homme surgi de nulle part et gesticulant ne devait pas rassurer. Soudain, les jambes de Malko se dérobèrent sous lui. Il avait été au bout de ses forces; les toxines accumulées dans ses muscles lui interdisaient tout effort supplémentaire. Il resta immobile au milieu de la piste, les jambes tremblantes, face à la voiture qui arrivait sur lui.

Elle allait l'écraser, ou elle serait forcée de stopper.

**
*

Les phares n'étaient plus qu'à quelques mètres. C'était une Golf dont Malko ne pouvait distinguer les occupants. Le conducteur ralentit puis donna un coup de klaxon.

Malko lui fit signe d'arrêter.

Le conducteur attendit la dernière seconde. A travers le pare-brise, Malko distingua un couple, l'homme au volant. A peine eut-il freiné que Malko bondit vers sa portière. Le premier de ses poursuivants était à moins de cent mètres. Il disposait d'environ quinze secondes.

Par bonheur pour Malko, le conducteur n'avait pas eu la présence d'esprit de verrouiller sa portière. Malko l'ouvrit à la volée. Ahuri, l'homme, un type rougeaud dans la cinquantaine, l'apostropha dans une langue rugueuse : du hollandais. Une langue que Malko ne parlait pas. De toute façon, l'heure n'était pas aux ronds de jambe : il restait environ six secondes à Malko. Il prit le conducteur par le col de sa veste et l'arracha à son siège en réunissant ses dernières forces. Le malheureux atterrit assez brutalement sur le sol pierreux.

Des cris d'orfraie jaillirent de la Golf. Malko se laissa tomber sur le siège avant, referma violemment la portière et passa la première. Lorsqu'il écrasa l'accélérateur, Gulgudine se trouvait à trois mètres! Il dut faire un saut de côté pour ne pas être heurté par la voiture.

Au lieu de repartir vers les lumières, Malko braqua à gauche, afin de contourner la charrette et sa Mercedes; direction : l'entrée de *Chez Ali*. Lamia s'était enfuie en direction du restaurant et il fallait la retrouver. Ceux

TUERIE À MARRAKECH

qui étaient aux trousses de Malko risquaient de se venger sur elle. C'était une chose de bousculer un Hollandais, mais on n'abandonne pas une femme en danger de mort, surtout si c'est à cause de vous...

Il jeta un coup d'œil dans le rétroviseur et aperçut les trois silhouettes de ses poursuivants qui se regroupaient, désemparés.

D'un coup de volant, il reprit la piste. Un gémissement étranglé venant du siège voisin lui rappela qu'il n'était pas seul. Il tourna la tête, découvrit le visage blême d'une femme blonde aux yeux très bleus pleins de terreur, qui lui lança en anglais d'une voix suppliante :

– *Please, do not kill me*!

Il voulut répliquer mais sa gorge était tellement sèche qu'il était incapable d'articuler un seul mot. Le mur du restaurant défilait à sa gauche. Ce n'est qu'en tournant le coin qu'il retrouva la parole.

– Ne craignez rien, fit-il en anglais, je fuyais des gens qui voulaient me tuer.

– Oh, *My God*! fit-elle, abasourdie. Mais mon mari, ils vont le tuer.

– Non, affirma-t-il, il ne craint rien.

Pour le moment, il fallait retrouver Lamia. Il disposait de peu de temps. Il stoppa sur le terre-plein, en face de l'entrée du restaurant et sortit de la voiture. Où pouvait-elle être allée? Impossible de distinguer quelqu'un à plus d'une dizaine de mètres. Mettant ses mains en porte-voix, il appela :

– Lamia !

Aucune réponse. Le vent emportait sa voix. Il recommença. Deux fois, trois fois. Il allait abandonner quand il vit une silhouette jaillir de la cabine téléphonique et foncer vers la voiture.

– Malko! Malko!

Défigurée par l'angoisse, barbouillée de rimmel et les yeux fous, elle serrait sa cotte de mailles contre ses énormes seins nus, et tremblait comme une feuille. Elle se jeta dans les bras de Malko qui la fit monter à l'arrière.

La Hollandaise observait la scène, muette de stupéfaction. D'où sortait cette femme à demi nue?

Malko se retourna.

— On va couper à travers le désert! Impossible de reprendre la route. Est-ce qu'il y a une piste?

— Je ne sais pas, sanglota Lamia. Mes pieds! J'ai tellement mal.

Il redémarra et mit le cap sur les lumières dans le lointain. Les trous, les fossés, les arbustes surgissaient dans la lumière des phares. Impossible de rouler à plus de 30 à l'heure. Il laissait derrière lui un épais nuage de poussière, mais peu à peu sa tension retombait. Sauf catastrophe majeure, les autres ne le rattraperaient plus.

Dix minutes plus tard, les roues de la Golf abordèrent un sol plus égal. Ils venaient d'atteindre une des pistes quadrillant la palmeraie. Au jugé, il se dirigea vers la grande route et ne respira que lorsqu'il aperçut les lueurs jaunes des lampadaires à vapeur de sodium. Encore quelques cahots et ils retrouvèrent le goudron.

— Et mon mari? gémit la Hollandaise.

— Dès que nous trouvons un taxi, je vous laisse votre voiture. Avec mes remerciements. Vous m'avez sauvé la vie. Mais que faisiez-vous là-bas à cette heure?

— L'*Hôtel Saadi* nous avait recommandé un restaurant très amusant, *Chez Ali*. Avec des chameaux et une « fantasia »...

Malko bénit le réceptionniste du *Saadi*, qui ignorait la fermeture hebdomadaire du restaurant.

Un kilomètre plus loin, il aperçut un « petit taxi » arrêté à l'entrée de l'avenue Mohammed V. Il stoppa à côté. Lamia avait déjà remis sa cotte de mailles. Ils sortirent tous les deux. Malko se pencha vers la Hollandaise.

— Si vous avez peur, allez à la police, sinon, allez vite rechercher votre mari.

TUERIE À MARRAKECH

Il était trop épuisé pour en dire plus. A peine fut-il dans le taxi que Lamia s'effondra sur son épaule.

– A *La Mamounia*, dit-il.

*

Le réceptionniste de *La Mamounia* leur jeta un regard intrigué. Malko était hagard d'épuisement, Lamia avait le visage maculé de traces noires et était pieds nus.

– Nous avons eu un accident, expliqua Malko.

A peine dans la chambre, Lamia se mit à sangloter sans pouvoir se retenir.

– J'ai cru que j'allais mourir, je n'ai jamais eu aussi peur de ma vie, gémit-elle.

– Prends un bain, conseilla Malko et téléphone à tes amis.

– Mes amis, je m'en fous, dit-elle. Je leur dirai n'importe quoi demain.

Trois minutes plus tard, il était sous la douche. Il y resta longtemps, récupérant peu à peu sous l'eau tiède.

Quand il en sortit, Lamia nageait dans la mousse, ses longs cheveux noirs répandus autour d'elle.

– J'ai faim, dit-elle. Et avant, je voudrais boire quelque chose.

– Quoi?

– Un Cointreau *on ice*. Avec du citron vert.

– Je m'occupe de tout, fit Malko.

Il alla prendre dans le mini-bar les ingrédients nécessaires au Cointreau, l'apporta à Lamia dans sa baignoire et ensuite appela le *room-service* pour commander une bouteille de Taittinger Comtes de Champagne rosé 1985, du caviar Béluga et des blinis. Ensuite, il s'allongea sur le lit, essayant de faire le point. Pourquoi Saïd avait-il été assassiné? Parce qu'il surveillait Dalila Villanova ou à cause de leur expédition dans le *ksar* de l'Ourika? A chaque stade de cette affaire, il butait sur une ambiguïté.

En tout cas, il avait retrouvé la trace du commando « Al Khatib al Maout » et il savait qu'ils étaient trois. Ce commando se savait traqué. Pourquoi traînait-il à Marrakech sans rien faire? C'était un autre mystère.

– Ça va mieux!

La voix de Lamia l'arracha à sa réflexion. La jeune femme le fixait, à la porte de la salle de bains, appuyée au chambranle, faisant tourner les quartiers de citron dans son verre de Cointreau. Elle avait remis sa cotte de mailles en lamé argent qui s'arrêtait pile en haut de ses cuisses, comme une tunique de gladiateur. Son regard avait repris son expression trouble.

On sonna. C'était le *room-service*. Le valet faillit avaler sa cravate en voyant Lamia. Il déboucha la bouteille de Taittinger Comtes de Champagne rosé 1985, le regard fixé sur les cuisses de Lamia, et expédia le bouchon dans la télévision... Il battit ensuite en retraite à reculons, pour ne pas perdre une miette du spectacle.

Malko avait déjà rempli les deux verres. Les bulles lui piquèrent délicieusement la langue. Dire qu'une heure plus tôt, il était en train de courir dans le désert poursuivi par une « meute » de chacals.

– Au travail, lança Lamia en étalant sur un petit blini une montagne de grains noirs et brillants.

*

Il avait fallu une seconde bouteille de Comtes de Champagne et il ne restait pas trois grains de Béluga. Allongé sur le lit, Malko contemplait Lamia assise en tailleur, très droite, qui lui offrait une vue imprenable sur le haut de ses cuisses. Il dégustait particulièrement ces moments-là. Après avoir frôlé la mort, la vie semblait deux fois plus belle...

Lamia lui adressa un regard faussement courroucé.

TUERIE À MARRAKECH

— Tu es un beau salaud! fit-elle. A cause de toi, j'ai failli mourir!

Sans répondre, Malko allongea la main et glissa ses doigts sous le bas de la tunique d'argent, effleurant le ventre offert à l'endroit le plus sensible. Lamia eut un sursaut, et elle dit de sa voix enfantine :

— Oui, continue.

Sous la caresse, elle se laissa aller sur le dos, massant ses seins à travers sa cotte de mailles. Malko la sentait frémir sous ses doigts, elle haletait. Mais quand il voulut pénétrer son sexe, Lamia poussa un petit cri.

— J'ai mal...

Elle venait en effet de perdre sa virginité... Malko n'insista pas. D'ailleurs, Lamia était passée à l'attaque. Rampant sur le lit, elle écarta son peignoir en éponge et sa bouche s'empara avec douceur de son sexe déjà raide. Il croisa son regard espiègle et trouble, une expression de salope en manque, le blanc de ses yeux mangeant ses prunelles sombres. Ses longs cheveux tombaient sur sa figure, cachant la bouche qui l'entourait. Elle se retira et, dans une variation inédite, enroula une grosse natte noire autour du sexe dressé, ne laissant dépasser que son extrémité. Elle recommença à le caresser avec une douceur incroyable. A travers les cheveux, la sensation était étrange...

Puis elle se redressa et se mit à fouetter le membre dressé avec ses mèches. Un fouet de velours. Elle entrecoupait la « punition » de brusques plongées de sa bouche, comme pour ranimer sa vigueur. Précaution d'ailleurs inutile, Malko avait l'impression d'exploser à chaque seconde. Quelle merveille après la traque du désert! Il retenait une violente envie de s'enfoncer dans le corps pulpeux de Lamia, de sentir la sève monter de ses reins, les délicieux picotements qui précédaient l'extase.

— Viens, dit-il, pesant sur ses épaules pour la faire s'allonger.

Mais elle lui échappa et roula sur le ventre. Sa

TUERIE À MARRAKECH

carapace argentée s'arrêtait juste au-dessus de ses fesses cambrées, en une ligne nette. Elle releva légèrement la croupe, ouvrit les cuisses et se tourna vers lui.

– Prends-moi comme ça. Autrement, j'aurais mal.

Malko s'empressa d'obéir. Pour une fois qu'on venait au-devant de ses envies secrètes. Quand il effleura de son sexe l'ouverture de ses reins, Lamia se cambra, l'y faisant pénétrer de quelques millimètres. C'était le moment le plus exquis. Malko le prolongea plusieurs secondes, sentant palpiter l'anneau en train de céder. Puis il se laissa tomber sur la jeune femme, l'embrochant jusqu'à la garde. Il ne s'arrêta que lorsque son ventre fut collé aux fesses dures de Lamia. Celle-ci poussa un long soupir ravi.

– C'est meilleur comme ça! murmura-t-elle. Déchire-moi, n'aie pas peur.

Il se laissa aller sans retenue, rebondissant sur les fesses rondes et fermes, violant les reins offerts aussi loin qu'il le pouvait. Chaque fois, Lamia venait au-devant de ses coups de boutoir. Ravie. La tête sur le côté, elle se regardait dans la glace de la porte de la salle de bains. Malko intercepta son regard noyé de plaisir, presque révulsé. Elle avait glissé une main sous elle et se caressait à toute vitesse, ce qui le déchaîna encore plus... Soudain, il sentit frémir tout son corps et elle jouit avant lui.

Quand, à son tour, il se répandit dans ses reins, elle cria de nouveau. Entre le danger passé, le caviar et le Comtes de Champagne rosé 1985, Malko ne savait plus où il en était...

Allongée sous lui, Lamia dit doucement, de sa voix imperceptible :

– C'était bon, mais tu ne m'as pas violée! C'était trop facile. J'ai sommeil. Quand tu te réveilleras, prends-moi encore, même si je dors. Je veux te sentir très fort dans mes fesses.

**
*

TUERIE À MARRAKECH

Les oiseaux du jardin réveillèrent Malko. Lamia dormait sur le ventre, débarrassée de sa carapace argentée. Il s'accorda une dernière récréation et n'eut pas besoin de regarder longuement la croupe qu'il avait si bien perforée la veille au soir pour retrouver toute sa vigueur. Tout doucement, il se mit à genoux entre les cuisses de la jeune femme et elle les ouvrit d'un geste naturel, sans se réveiller. Sans aucune caresse préalable, il posa son sexe raide sur l'anneau des reins. Lamia eut un léger sursaut et poussa un soupir.

D'un coup, Malko pesa de tout son poids et s'enfonça verticalement dans la croupe de Lamia, comme un trépan dans le sol.

La jeune femme poussa un hurlement et se redressa d'un coup en criant des mots en arabe. Malko s'était déjà un peu retiré pour revenir avec encore plus d'énergie. Ce viol simulé l'excitait au plus haut point. Il sentait son sexe incroyablement serré et c'était encore meilleur. Lamia gémissait, criait, se débattait et les ondulations de ses fesses ajoutaient encore à son excitation. A tel point qu'il sentit très vite la sève monter de ses reins. Mais à peine eut-il joui que Lamia lança d'une voix suppliante :

– Continue! Continue! Ah, tu me déchires, c'est booon...

Son dernier mot s'acheva sur un râle et une secousse de tout son corps. Elle venait de jouir, presque aussi vite que lui.

Beaucoup plus tard, comme il se dégageait, elle eut une grimace amusée.

– J'adore! Mais tu m'as *vraiment* fait mal. Maintenant, il ne me reste plus que ma bouche, si je rencontre un nouveau fiancé.

C'était encore amplement suffisant...

Malko regretta de toujours rencontrer de lumineuses salopes de cet acabit dans des circonstances difficiles.

Lamia avait repris ses esprits; elle demanda :

210   TUERIE À MARRAKECH

– Qu'est-ce que tu vas faire avec les types d'hier soir?

– Je ne sais pas encore, fit Malko. Et toi, tu restes à Marrakech?

– Encore un peu... Je vais bronzer. Si on commençait la journée au champagne?

Difficile de lui refuser cette petite joie. Malko ajouta à la commande du breakfast une bouteille de Taittinger Comtes de Champagne, Blanc de blancs 1986. Lamia pouvait lui être utile. Elle n'avait pas froid aux yeux, en savait assez pour être discrète, et parlait arabe. Dès qu'ils eurent terminé leur breakfast, y compris le Comtes de Champagne, et que Lamia eut regagné sa chambre, il se mit à réfléchir sérieusement.

Normalement, la Sûreté marocaine devait en savoir plus, aujourd'hui.

Le téléphone sonna. C'était Stanley Hurd.

– *Bad news*! annonça l'Américain. La DST est allée à Ourika. Ils ont trouvé la tombe.

– Et alors?

– Il y avait une chèvre dedans. Les propriétaires de la ferme ont expliqué qu'elle était morte de maladie et qu'ils n'avaient pas osé la manger... Ils n'ont jamais eu aucun problème avec la police, ce sont des paysans berbères qui ne font pas de politique. Les policiers les ont un peu secoués, mais n'en ont rien sorti...

Malko revit la lumière s'allumer dans la ferme.

– Ils ont dû nous voir, conclut-il. Comme Saïd avait enquêté dans le *ksar*, ils s'en sont pris à lui. Mais pourquoi monter un guet-apens contre moi?

– Vous avez vu le cadavre, remarqua Stanley Hurd.

Donc, ces « paysans » avaient partie liée avec la Phalange de la Mort. Par Saïd, ils avaient retrouvé Malko. Cela se tenait, mais laissait une chose inexpliquée : qu'avait été faire là-bas Dalila Villanova?

Devant le silence de Malko, Stanley Hurd relança la conversation.

TUERIE À MARRAKECH

– Il faudrait que vous retourniez là-bas avec les gens de la Sûreté. Pour être confronté à ces types.

Malko n'était pas chaud.

– Ecoutez, dit-il, nous avons en face de nous des professionnels féroces qui ne prennent aucun risque. S'ils ont laissé vivants les gens de cette ferme, c'est qu'ils ne savent rien sur eux. Sinon, ils les auraient tous égorgés. Comme ils l'ont fait à chaque étape. Inutile de les faire torturer pour rien...

– Vous êtes fou! explosa Stanley Hurd. Il y a un commando terroriste qui se balade en ville et vous pensez aux Droits de l'homme.

– Pas tout à fait, corrigea Malko. Je pense seulement que, même si on leur arrache tous les ongles, ils ne nous apprendront rien d'intéressant... Il y a une autre piste.

– Laquelle?

– Dalila Villanova. Depuis le début de cette affaire, elle est partout. Comme cela ne cadrait pas avec *votre* analyse, on l'a négligée. Cela prouve seulement que cette analyse est fausse.

– Que ferait-elle avec des islamistes?

– Je n'en sais diable rien, reconnut Malko. Mais il y a un lien.

– Comment allez-vous le trouver?

– Je l'ignore encore. Bien sûr, nous pouvons communiquer nos soupçons à la police marocaine, mais ils risquent de nous rire au nez.

– Alors?

– Donnez-moi quarante-huit heures.

– Et s'il y a une grosse merde entre-temps?

– Inch Allah! fit Malko qui devenait fataliste. Ce sont quand même les Marocains qui n'arrivent pas à arrêter ces terroristes... Quant au cadavre que j'ai vu, il a dû être transféré quelque part dans la montagne. On ne peut pas fouiller tout l'Atlas... J'ai le sentiment que la piste de l'Ourika ne sert plus à rien. C'est à Marrakech que cela se passe...

– Au moins trois terroristes absolument inconnus se cachent à Marrakech, préparant un gros coup dont nous n'avons pas la moindre idée, conclut Stanley Hurd. Ce n'est pas une situation confortable.

– Je sais, dit Malko. La seule personne qui peut débloquer la situation, c'est Dalila.

Dalila Villanova en était à sa cinquième Lucky Strike depuis son réveil. Le soleil lui semblait terne et elle n'avait pas pu avaler une miette de son breakfast. Le cercle se refermait autour d'elle. Elle le sentait. Son nouvel amant, le successeur de John Melrose, la soupçonnait, même s'il ignorait encore son véritable rôle et toutes les finesses de la situation. Or, elle était condamnée à une prudence totale. Elle ne pouvait plus communiquer, dans la mesure où elle était sûre que les Américains collaboraient avec les Marocains. A chaque seconde, elle s'attendait à ce que Omar vienne lui dire que la police voulait l'interroger.

Bien sûr, il lui était facile de quitter Marrakech, par la route, jursqu'à la frontière algérienne. Mais fuir, c'était réduire à néant des mois d'efforts.

Il ne lui restait qu'une solution : aller jusqu'au bout. Il y avait encore quarante-huit heures dangereuses à passer. Ensuite, *Mektoub*... Elle se rappela un vieux dicton berbère : « Si j'avance, je meurs, si je recule, je meurs. Donc j'avance. »

Après avoir écrasé sa cigarette dans le cendrier, elle décrocha le téléphone et composa un numéro.

– Dalila! Je voulais justement t'appeler.

– J'ai cru que tu m'avais oubliée, fit la jeune femme d'un ton léger.

TUERIE À MARRAKECH

– Bien sûr que non, assura Malko. Mais hier soir j'avais une soirée. Et toi, que fais-tu?

– Je vais venir habiter un ou deux jours à *La Mamounia*.

– Ah bon, fit-il, surpris. Pourquoi?

– Des travaux dans ma salle de bains, une fuite énorme. Il y a d'autres chambres dans ma maison, mais je n'ai pas envie d'avoir des ouvriers sur le dos toute la journée. Et puis, de temps en temps, j'aime bien aller à l'hôtel. Tu seras encore là?

– Je pense, oui.

– Fantastique, fit la jeune femme. J'espère que tu auras un peu de temps à me consacrer.

– Bien sûr. Quand viens-tu?

– Tout à l'heure, pour le déjeuner, vers midi.

– Je serai là pour t'accueillir, promit Malko.

Il raccrocha, les neurones en ébullition. Que venait faire Dalila à *La Mamounia*?

Le téléphone sonna de nouveau. Stanley Hurd :

– Je viens de recevoir un message de la station d'Alger, annonça-t-il. Il paraît que ce salaud de Slimane Smaïn se vante partout d'avoir éliminé son rival de la CIA, en disant qu'il a fait d'une pierre deux coups, car les Américains soutiennent le FIS.

– Dans ce cas, conclut Malko, je n'ai plus qu'à envoyer une gerbe de fleurs à Dalila pour m'excuser de mes soupçons.

Après avoir raccroché, il se dit que c'était trop beau... Parfois, un service « fabriquait » un coupable avec des manips. Mais on pouvait aussi « fabriquer » des innocents... Ou une innocente. Il suffisait de faire les choses dans l'autre sens. Avec conviction.

CHAPITRE XVIII

Dalila avança vers Malko, un sourire radieux aux lèvres. Derrière elle, un groom tirait un chariot chargé de deux grosses valises et d'une trousse. Il était midi.

– Tu t'installes pour un mois? plaisanta-t-il.

La jeune femme lui adressa un sourire faussement contrit.

– Même pour deux ou trois jours, je n'arrive pas à voyager léger! J'ai toujours peur de manquer de quelque chose.

Le directeur de *La Mamounia*, averti par un de ses esclaves, surgit de son bureau, dégoulinant d'obséquiosité. Assez fréquemment, Mme Villanova organisait à *La Mamounia* de somptueuses fêtes autour de la piscine. Onctueux comme une crème fouettée, il se répandit en souhaits de bienvenue.

– Vous choisissez très bien votre moment pour venir profiter des charmes de *La Mamounia*, conclut-il. A partir de demain, se tient dans l'hôtel la Convention mondiale des agences de cover-girls. Il y aura les plus belles filles du monde! Il paraît que Claudia Schiffer et Naomi Campbell doivent venir. Je vais vous retenir une table pour demain soir, afin d'assister au grand défilé de mode. Il y aura le gouverneur de la willaya.

– Avec plaisir, dit-elle.

Dalila prit congé avec des remerciements polis et

TUERIE À MARRAKECH

Malko l'escorta jusqu'à l'ascenseur. Dans la cabine, elle lui offrit ses lèvres et dit d'un ton glacial :

– J'espère que toutes ces femmes superbes ne te feront pas tourner la tête...

– Impossible, se récria-t-il. Tu as infiniment plus de charme.

Ils retrouvèrent le groom au troisième, avec son chariot de bagages, et Dalila proposa :

– On se retrouve pour déjeuner à la piscine? Dans une heure?

– Parfait, accepta Malko.

Il redescendit pour regagner sa chambre, de mauvaise humeur, car tout cela continuait à demeurer opaque. Le meurtre sauvage de Saïd Boukala, le malheureux *stringer* de la CIA, avait fait quelques lignes dans les journaux. Quant aux trois hommes composant le commando « Al Khatib al Maout », ils semblaient avoir changé de planète.

La vie continuait calmement à Marrakech, et toute cette affaire prenait un tour abstrait. Il ouvrit sa porte et s'arrêta net; un homme lui faisait face, assis sous la télévision suspendue au mur : le commissaire Moulay Afouani, de la DST de Rabat!

Il se leva en souriant et vint vers Malko, la main tendue.

– Excusez cette intrusion. Je ne voulais pas ébruiter notre rencontre. Je suis arrivé de Rabat hier soir.

– Je vous en prie, dit Malko.

Le policier se rassit et alluma une Lucky Strike, avec un plaisir évident.

– J'essaie de réunir tous les éléments en notre possession, expliqua-t-il. Ce n'est pas facile. Saïd Boukala travaillait pour vous. Peut-être pourriez-vous me mettre sur la piste de ses meurtriers.

– Vous les connaissez, dit Malko. Du moins un, « Gulgudine ». Les deux autres font partie du même groupe. Ils se cachent à Marrakech, mais ils ont forcément des liens avec ce *ksar* dans la vallée de l'Ourika. J'ai vu moi-même le cadavre d'Abdelkrim Tahrir, le meurtrier présumé des gendarmes. Ce n'était pas une chèvre... Ils ont eu vent de notre visite, ont caché le corps ailleurs et se sont vengés. D'abord sur Saïd Boukala; puis ils ont essayé de m'éliminer.

Le commissaire Afouani tirait pensivement sur sa Lucky.

– Je sais, reconnut-il. Nous avons interrogé tous les membres de cette famille, nous leur avons montré le portrait-robot de ce « Gulgudine », nous avons fouillé la maison. Ils n'ont jamais été mêlés, de près ou de loin, à une action politique. Ce sont des paysans berbères. Dans le *ksar*, nous n'avons rien appris. J'ai réactivé une « sonnette », un ancien informateur qui habite dans le coin. Il doit me prévenir s'il y a du nouveau. Mais ma conviction est qu'il n'y aura plus rien de ce côté-là. On pourrait les arrêter, cela ne changerait rien.

– Je suis tout à fait d'accord, approuva Malko.

Le policier marocain se tut, et tira à nouveau sur sa cigarette. Puis, il demanda d'un ton détaché :

– Vous-même, pourquoi avez-vous été amené à vous intéresser à la vallée de l'Ourika?

C'était la *vraie* raison de sa visite. Malko n'avait aucune raison de mentir.

– J'enquêtais sur la mort de John Melrose, expliqua-t-il. Comme ce dernier vivait chez Mme Villanova, je me suis intéressé à elle et j'ai demandé à Saïd de la suivre. Or, elle s'est rendue dans le même *ksar*, chez les mêmes gens.

Moulay Afouani demeura cigarette en l'air.

– Vous êtes sûr?

– Certain.

– Vous savez pourquoi?

– Non.

– Vous lui en avez parlé?

– Non, parce que je suis sûr qu'elle aura une explication. Inutile de l'alerter. Elle va souvent dans le *ksar* acheter des objets de décoration pour sa maison.

TUERIE À MARRAKECH

Le policier lui jeta un long regard inquisiteur.

– Vous la soupçonnez?

– De quoi?

– D'être mêlée à cette affaire de commando islamiste?

– Je ne sais pas, avoua Malko, il y a des étrangetés
dans sa conduite, mais rien de concret. En plus, son
background ne plaide pas en faveur d'une collusion avec
ces gens.

Moulay Afouani hocha la tête.

– C'est vrai. J'ai une fiche importante sur elle. Nous
l'avons souvent mise sur écoutes, à cause de sa liaison
avec le général Slimane Smaïn, sans rien découvrir. Il
est difficile d'aller plus loin sans preuve. Mme Villanova est une amie proche du gouverneur de la willaya,
et lorsque le roi vient à Marrakech, il l'invite à ses
grandes soirées...

Un ange passa, coiffé d'une tiare en diamants. Dalila
Villanova semblait intouchable.

– Et vous, contre-attaqua Malko, vous n'avez *rien*
découvert?

– Rien, avoua le policier de la DST. On a aperçu
Saïd Boukala dans le quartier de Sidi Youssef Ben Ali.
Seul. Ensuite, on l'a retrouvé en face du restaurant
Chez Ali, à des kilomètres de là, égorgé. Je vais vous
laisser.

Il se leva. Malko en fit autant.

– Vous ne prenez aucune précaution particulière?
interrogea-t-il. Ces terroristes ne sont pas venus en ville
se promener.

Moulay Afouani eut un sourire découragé.

– Il y a une centaine d'hôtels dans Marrakech, des
touristes partout. Nous avons alerté la Sûreté nationale
et la gendarmerie. Nous surveillons les points « stratégiques » : les souks, la place Jemaa-el-Fna, l'*Hôtel de la
Palmeraie* avec le golf et ici, bien entendu. Ce qui est le
plus facile. Il n'y a que deux accès, un pour les clients,
un pour le personnel, l'ensemble entouré de murs

infranchissables. Le personnel de l'hôtel a été « sensibilisé ». J'ai plusieurs hommes en permanence dans le hall et à l'entrée de service. Ce n'est pas ici qu'ils frapperont. Trop dangereux. Nous avons même condamné la porte du casino donnant sur le jardin, afin d'en contrôler l'accès de l'intérieur.

Les deux hommes se serrèrent la main longuement. Tous les deux savaient la vérité. Lorsqu'on a affaire à des terroristes entraînés, rien ne transparaît avant l'action, même si on est informé. Les Israéliens en faisaient la cruelle expérience avec le Hamas.

Il n'y avait plus qu'à prier Dieu et à compter sur la chance.

« Gulgudine », accroupi, se lavait les parties intimes de la main gauche, comme l'exige le Coran. Il se sentait porté par une immense excitation. Encore deux jours et il accomplirait ce pourquoi il était venu à Marrakech... Un coup terrible frappé au nom du Djihad, dont le monde entier parlerait, et, surtout, qui ne pourrait que plaire à Allah, le Tout-Puissant et Miséricordieux. Plus le temps passait, plus il bénissait sa protection. En dépit de plusieurs erreurs, rien de fâcheux ne leur était arrivé. Certes, ils avaient perdu « Youssef », mais ce dernier représentait un risque trop grand. « Gulgudine » et ses deux compagnons n'avaient pas grand-chose à craindre. Leurs amis de Casablanca n'avaient pu donner de lui qu'un signalement vague et il ne sortait plus. Bien sûr, il était fâcheux que l'Américain leur ait échappé, mais s'il avait su quelque chose de concret sur eux, les conséquences se seraient déjà fait sentir. Il ne bougerait plus de leur planque que pour frapper.

On tapa plusieurs coups au rideau de fer. Il alla ouvrir.

« Hassan » apparut avec un plateau où étaient disposés des salades, du chou-fleur cuit avec quelques morceaux de mouton. Leur déjeuner. Depuis leur équipée dans le désert, ils ne sortaient plus, attendant l'heure H. Ensuite, ils reviendraient dans cette planque pour attendre que les choses se calment. Marrakech serait immédiatement bouclée... Mais les policiers ne pouvaient pas maintenir indéfiniment un lourd dispositif.

Le muezzin de la mosquée voisine commença à appeler à la prière. Aussitôt, « Gulgudine » alla s'agenouiller sur son tapis de prières.

Ses deux acolytes le rejoignirent. Il était le plus pieux des trois et exerçait à ce titre un grand ascendant sur eux.

Malko décortiquait distraitement ses écrevisses. Il y avait peu de monde autour de la piscine. La pulpeuse Lamia se tenait ostensiblement à l'écart, dans un bikini argent à faire flamber La Mecque. A plusieurs reprises, son regard s'était posé sur Dalila Villanova, à tel point que la maîtresse du général Smaïn avait demandé à Malko d'une voix indifférente :

– Vous connaissez cette putain ?

Malko avait bien entendu juré que non. Depuis la visite du policier marocain, il ne cessait de penser aux moyens d'arrêter la machine infernale. Son instinct lui disait qu'une opération importante était en cours. Mais la vérité était aussi insaisissable qu'un hologramme qu'on voudrait prendre en mains. Dalila repoussa son assiette de fruits de mer.

– Je vais faire quelques courses, annonça-t-elle. A tout à l'heure.

Malko l'observa tandis qu'elle rentrait dans le bâtiment, pleine de classe et de charme. Une voix âcre le fit sursauter.

– Alors, tu ne me connais plus ?

Lamia était debout à côté de lui, ses seins énormes

pointés comme des armes. Il se leva avec un sourire d'excuse.

— J'ai quelque chose à faire. Je te rejoins tout à l'heure.

— Si je veux! lança-t-elle. Je ne suis pas un paillasson...

Malko sourit poliment et gagna le troisième étage. Le couloir était désert. Il alla frapper à la porte de Dalila. Pas de réponse. Il trouva une femme de chambre, en train de pousser un énorme chariot de linge sale.

— J'ai oublié la clef de ma chambre, expliqua-t-il. Vous pouvez m'ouvrir?

Elle prit son passe et ouvrit la porte de Dalila. Malko eut à peine le temps d'écarter le battant et se trouva nez à nez avec le commissaire Afouani!

— Il n'y a rien! annonça avec un demi-sourire le policier marocain...

Ils ressortirent aussitôt ensemble. Malko regagna ensuite sa chambre. Finalement, les Marocains n'étaient pas si nuls que ça... Mais on tournait en rond. Il n'y resta pas : plusieurs chambres étaient en réfection et des ouvriers tapaient comme des sourds sur les balcons voisins.

Le hall élégant de *La Mamounia* grouillait de nouveaux arrivants qui s'interpellaient dans toutes les langues. Le directeur courait dans tous les sens, essayant de satisfaire tout le monde. Une vingtaine de jeunes femmes, toutes plus éblouissantes les unes que les autres, venaient de débarquer, cornaquées par les responsables des plus grandes agences de photos du monde. Les responsables avaient affrété à Air France un Concorde spécial qui avait ramassé les plus belles filles du monde à New York, Paris et Rome, pour les déposer à Marrakech. Leurs tenues extravagantes mettaient le personnel marocain de l'hôtel au bord de la

TUERIE À MARRAKECH

syncope. L'une d'elles arborait un short ne dissimulant que la moitié de ses fesses, avec des cuissardes, une grande écharpe mauve assortie à ses yeux et un pull de montagne. Une autre, une combinaison d'astronaute dorée qui semblait sortir de *Star War*. Il y en avait pour tous les goûts, de toutes les couleurs. Une Noire et une Blanche commençaient déjà à se crêper le chignon pour une chambre... Lamia surgit alors, hautaine, rejoignit Malko et lui adressa un sourire vipérin.

– Qui sont ces putains?

Il le lui expliqua. Elle eut une moue méprisante.

– Il vaut mieux écarter les cuisses que se faire prendre en photo.

Furieuse de cette concurrence inattendue, elle s'éloigna vers les ascenseurs, le regard fixé sur la ligne bleue de l'Atlas.

Diplomate, le directeur avait réuni les cover-girls pour leur expliquer que si elles allaient se promener dans les souks dans ces tenues, elles déclencheraient une émeute, au pire une révolution... Certaines étaient si provocantes que les Marocains se croiraient obligés de leur rendre hommage sur-le-champ... Pendant sa tirade, Dalila réapparut, chargée de paquets, et retrouva Malko.

– Tu n'as que l'embarras du choix, susurra-t-elle. Toutes ces filles sont absolument superbes.

Evidemment, on était loin des créatures voilées qui hantaient les ruelles de la médina. En voyant ces jeunes femmes à moitié nues, on comprenait mieux l'abîme qui séparait l'univers occidental postmoderne du monde musulman figé dans son archaïsme. Quelques siècles d'écart.

– Nous dînons ensemble? proposa Dalila.

*
**

Une jeune chanteuse berbère, accompagnée de deux musiciens avec des tambourins et des flûtes, faisait le tour des tables, en remuant ses sequins sous les yeux émerveillés des plus belles filles du monde. Malko et Dalila occupaient une des meilleures tables dans le restaurant marocain de *La Mamounia*. Une chanteuse berbère énorme accompagnait d'une voix rauque la danseuse.

Dalila semblait absente, à tel point que Malko demanda :

— Tu t'ennuies?

— Non, non, affirma-t-elle, mais il y a trop de monde. J'ai appelé chez moi, ils ont presque fini. Je vais rentrer demain.

Elle se pencha vers lui.

— Je t'invite à inaugurer ma nouvelle chambre.

Sa cuisse était serrée contre la sienne et son regard brûlait de promesses.

Ils quittèrent le restaurant sous le regard furibond de Lamia, accompagnée d'un loukoum moustachu avec une cravate rose qu'elle traitait un peu moins bien qu'un yorkshire... Dans l'ascenseur, Dalila adressa un sourire ravageur à Malko.

— Ce soir, je dormirai seule, Slimane doit m'appeler de Madrid. Il sentira si nous sommes ensemble. Et cela ferait encore des drames. Mais demain, nous nous rattraperons...

Son ventre pressé contre le sien faisait passer un message encore plus précis. Malko lui baisa la main à la porte de sa chambre et regagna la sienne. Il n'allait pas faire de vieux os à Marrakech. Maintenant, c'était aux Marocains de jouer... Beaucoup plus tard, le téléphone sonna, le réveillant en sursaut.

Il décrocha, pensant qu'il s'agissait de Dalila. C'était Lamia, triomphante.

— Alors, elle t'a planté, cette salope?

— Comment le sais-tu? demanda Malko, intrigué.

— Je l'ai vue dans l'orangerie il y a une heure. Elle a dû se faire sauter dans le jardin par un des photographes. J'en ai repéré un superbe... C'est bien fait pour toi.

Elle avait déjà raccroché. Malko appela la chambre de Dalila. On décrocha à la cinquième sonnerie et il raccrocha aussitôt. Il ne voulait pas jouer les maris jaloux. Après tout, Dalila avait le droit d'aller faire un tour dans le jardin, ou même d'avoir une brève aventure avec l'un des beaux jeunes gens débarqués le jour-même.

Le lendemain, surpris que la chambre de Dalila Villanova ne réponde pas, Malko descendit à la piscine. Elle ne s'y trouvait pas. C'est le directeur de l'hôtel qui, croisé dans le jardin, lui apprit :

– Madame Villanova est partie tout à l'heure. Je crois qu'elle vous a laissé un message... Je pense qu'elle a changé ses plans parce que des amis à elle devaient venir la retrouver et ne sont pas venus. Elle m'avait demandé à visiter un de nos bungalows pour eux. Vous savez, derrière la piscine. C'est très luxueux, très calme. Trois chambres, une piscine privée. Seulement 25 000 dirhams par jour. Si des amis à vous étaient intéressés, je leur ferai un prix...

Malko laissa le directeur à son délire de dirhams et alla à la réception. Il y avait un petit mot dans sa case : « Je vous attends pour dîner à huit heures ».

L'hôtel grouillait de photographes mitraillant les créatures de rêve qui s'ébattaient du côté de la piscine. Des ouvriers montaient un podium pour un grand défilé prévu le soir-même. Les vingt plus belles filles du monde. CNN et la télé marocaine seraient là, ainsi que le préfet de la willaya et des invités triés sur le volet.

Déjà, plusieurs policiers en civil traînaient dans le hall et dans les entrées de service, le nez au vent.

Malko vit Lamia débouler du *Bar du Soleil*, vêtue d'un jean Versace noir et d'un chemisier assorti qui ramenait son énorme poitrine à des proportions plus discrètes.

– Je rentre à Rabat! annonça-t-elle, ça me déprime de voir toutes ces salopes blondes. Tu as mon numéro.

Evidemment, les mâles riches et esseulés de Marrakech n'avaient plus d'yeux que pour les étrangères célèbres. Malko l'embrassa gentiment.

– Moi aussi, fit-il, je partirai demain.

Il alla se promener sans but dans le souk. Mal à l'aise. Cette affaire gardait ses mystères et il n'avait toujours pas éclairci le rôle de Dalila. Lorsqu'il revint à l'hôtel, la nuit tombait. Il avait tout juste le temps de se changer. Les préparatifs battaient leur plein, des projecteurs éclairaient violemment le podium monté au bord de la piscine. Des groupes de cover-girls papotaient au *Bar du Soleil*. Il reconnut Claudia Schiffer, harcelée par des photographes. Une Noire dansait langoureusement au son d'une radio, déhanchant un corps de rêve dans une mimique incroyablement sensuelle.

Malko comprenait Lamia : elle ne faisait pas le poids. Après avoir mis un de ses costumes d'alpaga noir, il descendit. Il croisa dans le hall le commissaire Afouani qui lui adressa un discret sourire.

Il prit un « petit taxi » pour se faire conduire dans la médina. Tout le monde connaissait l'adresse de Dalila, à Marrakech. Il frappa à la lourde porte de bois noir et une servante lui ouvrit.

– *Lalla* Villanova?

Avec un sourire, elle le fit entrer dans le salon où il avait noué son idylle avec la belle Algérienne. Le valet surgit avec l'habituelle bouteille de Taittinger Comtes de Champagne, Blanc de blancs 1986 et remplit une coupe. Malko avait à peine fini de la déguster que Dalila fit son apparition, vêtue en Berbère, avec un haut brodé et presque transparent et un *sarouar* rouge bouffant, retenu à la taille par une grosse ceinture d'argent où était glissé un poignard traditionnel. Des

TUERIE À MARRAKECH 225

bracelets également en argent cliquetaient à ses chevilles. La jeune femme se planta devant Malko, avec un sourire d'offrande.

– Ce soir, tu feras l'amour à une Berbère! lança-t-elle. J'ai acheté tous ces bijoux pour toi, l'autre jour, dans la médina.

– Tu es absolument superbe! assura Malko en la prenant dans ses bras.

Le léger tissu du *sarouar* et la blouse arachnéenne la laissaient plus que nue et il pouvait sentir la chaleur de son corps parfumé. Il lui versa un peu de Comtes de Champagne, et ils choquèrent leurs coupes.

– A nous! dit-elle.

Malko resta silencieux. Le regard sombre posé sur lui était impénétrable. Jamais Dalila n'avait été aussi sensuelle, aussi désirable. Sous le *sarouar*, elle ne portait rien et cela se voyait. Les putains berbères s'offraient de cette façon-là... La jeune femme glissa une main sous la chemise de Malko, lui effleurant la poitrine.

– J'ai envie de toi, souffla-t-elle. Nous allons dîner dans ma chambre.

Malko avait toutes les peines du monde à conserver un calme apparent. En rapprochant certains petits faits, il venait d'échafauder une hypothèse qui expliquerait le rôle de Dalila. Il eut l'impression qu'une main glaciale lui serrait le cœur. S'il ne se trompait pas, il ne devait pas ressortir vivant de la maison de la Gazelle.

CHAPITRE XIX

Dalila s'étira, faisant saillir sa poitrine sous le tissu transparent de son bustier, puis se leva avec tant de grâce qu'elle évoqua à Malko un cobra royal en train de dérouler ses anneaux. Les bracelets de ses chevilles tintèrent lorsqu'elle alla déclencher son lecteur de cassettes. Puis, elle se retourna d'un coup, les mains sur les hanches, faisant face à Malko, belle comme le péché.

Dans la chambre, l'odeur des épices du repas se mélangeait à celle, entêtante, du lourd parfum de Dalila.

Les plats étaient restés épars sur les grands plateaux de cuivre et la maison semblait vide. La musique éclata dans les oreilles de Malko, comme une ouverture de Wagner. Les tambourins et les flûtes emplissaient la petite pièce. Il ferma les yeux un instant, revoyant la danseuse berbère de la veille, à *La Mamounia*. Lorsqu'il les rouvrit, Dalila l'avait remplacée. Elle ondulait langoureusement, au rythme d'une danse berbère beaucoup plus sensuelle que les danses orientales habituelles. Son bassin semblait monté sur roulements à billes, et tournait vertigineusement.

Son regard planté dans celui de Malko, elle commença à déboutonner son boléro brodé, libérant ses seins. Leurs pointes étaient enduites d'un rouge presque phosphorescent, comme celui de sa bouche. Presque sans bouger les pieds, Dalila jouait de ses épaules, de

TUERIE À MARRAKECH

son ventre, de son cou. Elle se prenait vraiment au jeu, elle était une putain berbère prête à satisfaire un client difficile. D'un coup, elle se débarrassa de son boléro, ne gardant qu'un collier tombant entre ses seins, tous ses bracelets et le poignard glissé dans la ceinture d'argent du *sarouar*.

Brutalement, à cette vision de luxure exotique se superposa la gorge tranchée de Saïd Boukala.

Malko s'ébroua intérieurement. Il jeta un coup d'œil à sa montre. Il ne lui restait pas beaucoup de temps, si son hypothèse était exacte. Dalila s'était rapprochée, si près qu'il pouvait sentir son parfum. A travers la soie du *sarouar*, il devinait l'ombre de sa fourrure noire. Dalila commença à rouler sur ses hanches le pantalon bouffant, le faisant descendre ensuite le long de ses cuisses. Il tomba enfin à terre. D'un entrechat gracieux qui fit tinter les bracelets de ses chevilles, elle s'en écarta, et défia Malko de son corps superbe et nu, orné de ses bijoux et de la ceinture qui soulignait la minceur de sa taille. Le poignard tranchait sur sa peau mate.

Lentement, elle tourna sur elle-même, pour faire admirer à Malko toutes les courbes de son corps. Il avait du mal à contenir la fascination que suscitait cette splendide femelle. Dalila glissa jusqu'à lui. Son ventre bombé imprégné de parfum était à portée de sa bouche. Au lieu de réclamer une caresse, comme la première fois, elle se pencha et entreprit de le déshabiller, révélant son sexe tendu sur lequel elle posa un regard gourmand.

– Maintenant, fais ce que tu veux, fit-elle en s'allongeant sur le lit, les jambes entrouvertes.

Avec un sourire complice, Malko la saisit par la taille encore entourée de la ceinture et la fit rouler sur le ventre, avant de se laisser tomber entre ses cuisses pleines. Avec lenteur, il s'allongea contre la peau satinée de son dos. Quoi qu'il arrive, il profitait de ces dernières minutes de grâce... Alors, Inch Allah...

Quand Dalila le sentit se guider vers l'entrée de ses reins, elle sursauta :

– Qu'est-ce que tu fais?

– Tu m'as proposé de faire ce que je voulais. C'est *ça* que je veux.

Après avoir effleuré l'anneau encore serré, il donna un puissant coup de reins qui le fit s'enfoncer jusqu'à la garde dans la gaine serrée. Les reins violés, Dalila poussa un cri bref. Sans ménagement, Malko se mit à la sodomiser comme un soudard.

Dalila tourna la tête et lança d'une voix rauque, où il crut discerner une certaine excitation.

– Je ne laisse jamais aucun homme me traiter ainsi! Mais ce soir, je suis ta putain.

Malko, sans répondre, se retira d'elle. Du même geste, il la retourna et embrocha son sexe. Une fournaise de lave en fusion. Dalila rugit et, sous les coups de boutoir de Malko, atteignit très vite un fabuleux orgasme. Il la suivit à quelques secondes... Il s'arracha d'elle ensuite et s'allongea sur le dos. Un compte à rebours cliquetait dans sa tête. Tous ses sens étaient en éveil. Dalila avait allumé une Lucky Strike et fumait avec volupté. L'odeur du tabac blond se répandit dans la pièce, effaçant celle de l'encens et du parfum...

– Tu m'as bien baisée, *habibi*! dit-elle d'une voix cassée et rauque.

Quelques secondes s'écoulèrent, dans une tension insupportable pour Malko. La cigarette de Dalila se terminait. Elle se pencha pour l'écraser dans un cendrier, puis se redressa, agenouillée à côté de lui. Il la surveillait à travers ses paupières mi-closes. Le regard de la jeune femme se posa sur son bas-ventre et, avec un soulagement inouï, il se dit qu'il s'était trompé. Un reste de prudence l'empêcha de refermer les yeux.

Ce qu'il vit le glaça. D'un geste naturel, Dalila posa la main sur le manche ciselé du poignard, et le fit glisser hors de sa gaine, dévoilant une lame brillante affûtée comme un rasoir. Ramenant son bras en arrière pour

TUERIE À MARRAKECH

prendre de l'élan, elle l'abattit de toutes ses forces sur le sein gauche de Malko, visant le cœur.

*
**

Il s'en fallut d'un dixième de seconde. D'une détente de tous ses muscles, Malko roula sur le côté. Au lieu de lui perforer le cœur, la pointe de la lame glissa le long de son dos, lui entamant l'épiderme, avant de se planter dans le drap. Avec un cri de rage, Dalila l'en arracha et, debout sur le lit, se rua sur Malko en train de se relever. Restant à bonne distance, il lui jeta la première chose qui lui tomba sous la main : un plateau de cuivre encombré de vaisselle! La tranche du plateau heurta Dalila au tibia, lui arrachant un cri de douleur. Elle perdit l'équilibre.

Le cri de rage qu'elle poussa venait du fond de son ventre. Elle bondit du lit, dans un cliquetis de bracelets, et plongea vers un petit secrétaire syrien aux incrustations de nacre. Malko la ceintura et ils roulèrent à terre, dans une lutte confuse et sauvage. Elle se releva, jeta une lourde lampe à la tête de Malko, puis tout ce qui lui tombait sous la main. Pour terminer, elle le poussa si violemment qu'en reculant, il fit littéralement exploser le fragile secrétaire! Au milieu des débris, il aperçut un pistolet automatique, un Walther PKK, calibre 32.

Il s'en empara et le braqua sur Dalila.

— Arrête!

Il y avait une telle colère froide dans les yeux dorés de Malko que Dalila sentit qu'il allait tirer et se calma d'un coup. Elle se laissa tomber dans un fauteuil damassé.

— Tu n'aurais jamais dû m'humilier tout à l'heure, lança-t-elle. Je ne suis pas une putain...

Malko resta muet quelques secondes devant son culot. Elle retombait vite sur ses pieds!

— Ne me prends pas pour un imbécile, fit-il. Tu n'as

pas voulu me tuer parce que je t'avais sodomisée, mais pour une raison beaucoup plus grave.

– Laquelle? lança-t-elle, pleine de défi.

– J'ai enfin compris ton rôle dans toute cette affaire. Pour une raison que j'ignore, tu as partie liée avec un commando terroriste intégriste. Tu as découvert que je te faisais surveiller et tu as fait exécuter le pauvre Saïd. Je devais y passer aussi...

Le regard de Dalila flamboyait.

– C'est un conte de fées! cracha-t-elle.

– Pas du tout, continua Malko. Je sais aussi ce que tu es allée faire dans la vallée de l'Ourika : chercher des armes, afin de les introduire *toi-même* à *La Mamounia*. Ce que tu as fait hier... Parce que ce commando va frapper ce soir, durant le défilé qui commence dans une heure... C'est relativement facile de s'introduire, sans armes, dans l'hôtel. Assassiner d'innocentes cover-girls... l'action d'éclat idéale pour des intégristes... Je ne comprends pas que tu sois de leur côté.

Elle secoua ses cheveux noirs, folle de rage.

– Tout ceci est grotesque! Personne ne te croira.

Malko lui adressa un demi-sourire plein d'ironie.

– Oh si, parce que je crois savoir où sont ces armes... Et je vais aller les chercher tout de suite.

Il posa la main sur le téléphone, décrocha et commença à composer un numéro.

– Qu'est-ce que tu fais?

– J'appelle le commissaire de la DST qui se trouve en ce moment à *La Mamounia*, pour qu'il envoie ses hommes s'assurer de ta personne. Je ne vais quand même pas te laisser t'enfuir...

– Attends! fit-elle. Je vais avec toi.

Elle avait vraiment tous les culots...

– Non.

D'une main, il composa le numéro de *La Mamounia*, de l'autre, il braquait le Walther PKK sur Dalila. Celle-ci lui jeta un regard d'encre.

– Je te fais une proposition, avança-t-elle. J'accepte

TUERIE À MARRAKECH

de te dire les choses que tu ignores encore. Les plus importantes. Mais tu ne me livres pas à la DST. Ma Mercedes est en bas. Emmène-moi. Puisque tu sais où sont les armes... Quand tu les auras trouvées, je te parlerai.

— D'accord, fit Malko, après une courte hésitation. Habille-toi. Mais si tu tentes quoi que ce soit, je te tire une balle dans le genou.

Dalila ouvrit la porte de sa penderie et passa rapidement sa sage tenue bleue et des chaussures plates, tandis que Malko se rhabillait rapidement. L'un derrière l'autre, ils descendirent l'escalier étroit, puis sortirent dans la ruelle. La Mercedes grise de la jeune femme était garée contre le mur.

— Les clefs! réclama Malko.

Elle les lui donna et il ouvrit le coffre.

— Installe-toi dedans, ordonna-t-il.

Il crut que Dalila allait lui arracher les yeux, malgré le pistolet.

— Tu es fou!

— Non, justement, fit-il. C'est ça ou la DST.

Elle le défia du regard quelques secondes, puis, les lèvres serrées, enjamba le rebord du coffre et se coucha en chien de fusil. Malko fit aussitôt claquer le couvercle et prit le volant. Il ne lui restait pas beaucoup de temps.

« Gulgudine » gara sa Renault 21 au coin du boulevard el-Yarmouk et de l'avenue Menara. « Hassan » et « Rachid » sortirent les premiers. Le haut mur ocre entourant le parc de *La Mamounia* se dressait devant eux. Ils traversèrent le boulevard el-Yarmouk et suivirent l'impressionnante muraille. L'entrée de l'hôtel se trouvait sur l'avenue Houmman el-Fetouaki, et toute l'animation se concentrait de ce côté-là. Ils longèrent le mur sur une centaine de mètres, pour parvenir à une énorme porte cloutée, d'habitude toujours fermée, qui servait à certains hôtes importants ne désirant pas emprunter l'accès principal. Dans un des deux battants haut de six mètres, se découpait une petite porte. « Gulgudine » regarda autour de lui, puis donna un coup d'épaule. Le battant s'ouvrit en grinçant.

Dalila était venue la veille scier le cadenas, de façon à ce qu'une poussée suffise à ouvrir la porte. A la queue leu leu, les trois hommes pénétrèrent dans le jardin de *La Mamounia*.

La musique et le brouhaha des conversations autour de la piscine, distante d'une cinquantaine de mètres, parvenaient jusqu'à eux. « Gulgudine » consulta sa montre. Ils avaient encore une demi-heure. L'attentat devait se produire en plein défilé, afin de provoquer le plus de morts possible. Il salivait à la pensée que toutes ces chiennes d'infidèles allaient mourir, pour le bien de Dieu.

Entre les rafales d'armes automatiques et les grenades, il espérait en tuer plusieurs dizaines. Dans la pagaille qui allait immanquablement suivre, ils se faufileraient par où ils étaient venus et regagneraient Sidi Youssef Ben Ali, pour y attendre tranquillement que les recherches se calment. Il ne voulait récupérer les armes qu'au dernier moment.

Accroupi sur ses talons, « Gulgudine » pensa au long chemin qui l'avait conduit de Peshawar à Marrakech. C'était le chemin glorieux du Djihad. Il bénissait « Brahim », son gourou, de lui avoir ouvert les yeux sur cette voie qui menait au paradis.

Malko, le Walther PKK glissé dans la ceinture, s'arrêta sous le porche de *La Mamounia* et abandonna sa voiture après avoir actionné le système de sécurité. Dalila ne risquait pas de s'évader. Le hall était désert, à part trois policiers en civil reconnaissables à leur air

TUERIE À MARRAKECH

teigneux, à leur maigreur et à leur costume mal coupé.
Malko s'approcha de l'un d'eux.

– Où est le commissaire Afouani?

– Dans le jardin, près de la piscine, répondit le
Marocain.

Malko fonçait :

– Où est le directeur?

– A la réception.

Tous les clients de l'hôtel et les invités étaient regrou-
pés autour de la piscine pour le grand méchoui offert
par le préfet de la willaya de Marrakech, en l'honneur
des plus belles femmes du monde. La réception était
déserte.

Il suivit la galerie menant au *Bar du Soleil* et gagna
l'extérieur. Les abords de la piscine étaient violemment
éclairés, ainsi que la grande tente du gouverneur. Une
foule animée occupait le terre-plein autour de la piscine,
regroupée autour de gigantesques buffets. Des projecteurs fixés dans les palmiers étaient braqués sur le
podium où les cover-girls allaient défiler.

Malko plongea dans la foule et repéra enfin le
directeur, qui lorgnait d'un air béat une Noire qui le
dépassait d'une tête. Elle aurait presque pu lui donner
le sein... Malko l'arracha à son nirvana.

– Vous m'avez bien dit hier que Mme Villanova
avait l'intention de louer un des bungalows du jardin?
demanda-t-il.

– Absolument.

– Elle a demandé à le visiter?

– Tout à fait, approuva le directeur qui n'avait
visiblement qu'une idée : se débarrasser au plus vite
de Malko. Je lui ai même confié les clefs, celles du
numéro 3.

– Merci, dit Malko.

Il chercha en vain le commissaire de la DST. Les gens
se déplaçaient d'un buffet à l'autre, et le policier
marocain n'était pas parmi eux. Maintenant, il en
savait assez pour agir tout seul. Jouant des coudes, il

fendit la foule et se retrouva dans le parc, hors du cercle lumineux. Les trois bungalows se trouvaient sur sa droite, desservis par une allée parallèle au mur d'enceinte.

Pour la rejoindre, Malko prit une des allées rectilignes du parc, puis tourna ensuite à angle droit, ce qui l'amena pile sur la grande porte latérale donnant sur le boulevard el-Yarmouk. Avant de s'approcher de la zone éclairée par les réverbères du boulevard, il fit monter une balle dans le canon du Walther PKK. Un massif verrou condamnait la porte fermée par un énorme cadenas. Le regard de Malko se porta sur la petite porte taillée dans la grande. Là aussi, il y avait un verrou, mais sans cadenas. Il tira le battant à lui et l'ouvrit sans difficulté... Edifié sur ce point, il se dirigea vers le bungalow le plus proche, en marchant dans l'herbe. Un bâtiment en U avec une mini-piscine au milieu. Malko s'arrêta devant la porte principale et colla son oreille au battant.

Aucun bruit.

Il appuya sur le loquet. Il y eut un « clic » léger et il n'eut qu'à pousser pour que la porte s'ouvre. Il s'immobilisa dans le hall d'entrée. Le silence était total, sur fond de rumeur de fête. Arme braquée, il avança, tourna à droite, s'arrêta encore. Pas le moindre bruit, pas de craquement, le sol était en marbre. Impossible de fouiller le bungalow dans l'obscurité. Il abaissa l'interrupteur du couloir, faisant jaillir le faisceau d'un spot. Devant lui, une porte était ouverte sur une cuisine moderne. D'instinct, il commença sa fouille par là, ouvrant tous les placards. Au troisième, il aperçut un gros paquet enroulé dans une toile. Il tira un des coins et l'ouvrit. Elle contenait un kalachnikov et deux pistolets-mitrailleurs Skorpio équipés de silencieux. Un sac en plastique était bourré de chargeurs pour les trois armes. Au moins une vingtaine, ce qui représentait plus de 600 coups. Un autre contenait six grenades défensi-

TUERIE À MARRAKECH

ves soviétiques. Des engins dotés d'un pouvoir de destruction terrifiant.

Il réenroula la toile, la cala sous son bras gauche et, son pistolet dans la main droite, sortit du bungalow. Le poids des armes l'empêchait de marcher vite. Quand il arriva dans le hall, après avoir contourné la piscine, sa chemise était collée à son torse par la transpiration... Il posa son paquet et se dirigea vers le policier à qui il avait déjà parlé.

– Regardez!

Il déplia la toile sous le regard ébahi du Marocain.

– Un commando islamiste avait l'intention d'attaquer le défilé des mannequins et les invités, expliquat-il. Ces armes ont été introduites dans l'hôtel depuis plusieurs jours. Maintenant, il faut neutraliser ces hommes, ils ont peut-être des armes au poing qui pourraient suffire à provoquer de gros dégâts...

Le regard du policier allait des armes à Malko, stupéfait.

– Mais comment...

– Je vous l'expliquerai plus tard, fit Malko. Il faut trouver le commissaire Afouani. Venez avec moi.

– Nous avons ordre de ne quitter le hall sous aucun prétexte...

Malko le foudroya du regard.

– Ces terroristes sont *déjà* dans *La Mamounia*. A mon avis, ils sont trois. Donnez-moi au moins un de vos hommes.

– D'accord, admit le policier. J'appelle du renfort. Ahmed!

Un jeune inspecteur accourut et son chef lui donna des instructions en arabe. Malko et lui dévalèrent le perron menant au jardin. L'inspecteur-chef vociférait déjà des ordres dans sa radio portable.

**

« Gulgudine » eut l'impression que le ciel lui tombait sur la tête, devant le placard vide. Comme un fou, il se mit à ouvrir toutes les portes, même celle du réfrigérateur. Il courut jusqu'à la chambre voisine et fit de même, sous le regard affolé de ses deux complices.

– Fouillez toute la maison! ordonna-t-il.

Ils se ruèrent dans l'autre aile, tandis qu'il inspectait le grand salon. En cinq minutes, ce fut fait. Il n'arrivait plus à réunir deux pensées cohérentes. A eux trois, ils ne possédaient qu'un pistolet avec un chargeur entamé et un plein. Où étaient les armes qu'il avait transportées jusqu'à Marrakech pour les remettre, dans l'Ourika, à celle que lui avait recommandée son chef Brahim?

Les avait-elle trahis? Avait-elle eu un empêchement... Il n'avait aucun moyen de la joindre et la soirée qui se déroulait était unique. « Rachid » et « Hassan » revinrent, les mains vides.

– Il n'y a rien.

« Gulgudine » chercha désespérément l'inspiration, priant Dieu. Il ouvrait la bouche pour donner ses ordres lorsqu'il entendit des pas à l'extérieur. Il n'eut même pas le temps d'éteindre. Deux hommes surgirent, pistolet au poing.

– Ne bougez plus, cria le plus jeune en arabe.

– Tue-les! hurla « Gulgudine » à Hassan, le seul armé.

Ce dernier arracha son pistolet de sa ceinture, et ramena la culasse en arrière. Il ne termina jamais son geste. Malko et le policier marocain avaient tiré ensemble. Hassan s'effondra sur un des sofas du salon. Malko baissa son arme. L'autre terroriste, les bras ballants, restait au milieu de la pièce. Tout à coup, « Gulgudine » se rua sur lui et battit en retraite vers le jardin, se servant de son corps comme d'un bouclier.

– Ne tirez pas, cria Malko au policier de la DST.

Ce dernier, affolé, n'entendit même pas. Il visa le jeune homme et vida son chargeur. Rachid s'écroula.

TUERIE À MARRAKECH 237

Son complice le repoussa et d'un bond, plongea dans l'ombre du jardin. Malko hésita à tirer. Il le voulait vivant, pour savoir.

La Mamounia était certainement cernée et il n'irait pas loin...

« Gulgudine » plongea à travers la haie et disparut dans le jardin. Malko sortit du bungalow et se lança à sa poursuite. Si le fanatique avait eu une arme, il s'en serait servi...

***

« Gulgudine » enjamba silencieusement la barrière blanche isolant la piscine du reste du jardin. Le défilé avait commencé. Une douzaine de beautés, vêtues d'une façon outrageusement sexy, défilaient sur le podium, face à la foule des invités.

« Gulgudine », les yeux écarquillés de dégoût, contempla le spectacle quelques secondes.

A Peshawar, on lui avait appris à ne jamais reculer, lorsque Dieu était en jeu. Il sortit de sa ceinture son long poignard recourbé, invoqua Allah, le Tout-Puissant et Miséricordieux, et jaillit des buissons, brandissant son poignard en hurlant de toute la force de ses poumons.

– *Allah O Akbar!*

En trois enjambées, il fut sur le podium, nez à nez avec une Suédoise belle comme le jour, drapée dans une robe s'arrêtant en haut des cuisses. Paralysée de surprise, elle vit l'énergumène foncer sur elle, mais n'eut même pas le temps d'avoir peur. A la volée, comme on coupe une branche morte, « Gulgudine » venait de l'égorger.

Il la bouscula, et elle tomba du podium, arrosant de son sang les premiers rangs d'invités.

Des hurlements éclatèrent de toutes parts.

« Gulgudine », les traits crispés de fureur, bondissait déjà sur une Noire sculpturale. Comme elle se protégeait la gorge de ses mains, il l'éventra, lui plongeant son poignard au-dessous du nombril et remontant. Le ventre s'ouvrit sur vingt-cinq centimètres... Elle tomba à genoux et, au passage, « Gulgudine » lui asséna encore un coup sur la nuque, l'achevant.

La troisième, une Italienne pulpeuse, dans un fourreau bleu électrique, s'enfuyait. Au moment où elle sautait du podium dans la foule, « Gulgudine » abattit son poignard, lui tranchant presque l'avant-bras.

En moins d'une minute, la fête avait viré au cauchemar. Les filles fuyaient dans tous les sens, les invités refluaient pour s'éloigner du tueur, ou demeuraient vissés à leur siège par une panique viscérale.

« Gulgudine » baissa les yeux et vit à ses pieds les hôtes d'honneur : le gouverneur de la willaya, sa femme, et plusieurs étrangères, dont Claudia Schiffer. Il savait que l'alerte était donnée et qu'il ne disposait plus de beaucoup de temps. Le poignard haut, il prit son élan, visant la jeune Allemande. Claudia Schiffer, celle qui avait osé un jour porter une robe décorée d'un verset du Coran qui s'étalait sur ses seins généreux. Terrifiée, elle ferma les yeux pour ne pas voir la mort fondre sur elle.

Malko n'avait pu combler ses quelques mètres de retard. Il surgit au pied du podium alors que la troisième cover-girl venait d'être blessée par « Gulgudine ».

Il sauta sur les planches. L'islamiste lui tournait le dos. Tenant le Walther PKK à deux mains, il visa ses cuisses massives. Il fallait le neutraliser, pour qu'il puisse parler. Il appuya trois fois sur la détente. « Gulgudine » ne broncha pratiquement pas en recevant la première balle, mais tituba à la seconde. A la troisième, sa jambe se déroba sous lui, il tomba en avant, plantant son poignard dans le podium.

TUERIE À MARRAKECH

Un silence impressionnant salua sa chute. Malko s'approcha, le pistolet braqué. Venant de Dieu sait où, le commissaire Afouani sauta à son tour sur le podium, suivi de plusieurs de ses hommes.

« Gulgudine » disparut sous une masse humaine qui le frappait et l'injuriait.

Dans le public, c'était l'horreur : crise de nerfs, hurlements, des gens éclaboussés de sang erraient comme des zombies, les responsables d'agence faisaient un rempart de leurs corps à leurs cover-girls. Des policiers étaient quasiment assis sur les genoux du gouverneur de la willaya pour le protéger. Le directeur sanglotait, des policiers couraient dans tous les sens en brandissant leurs armes, ajoutant encore à la panique.

L'Italienne blessée, pâle comme une morte, contemplait hébétée, la serviette enroulée autour de son bras qui s'imbibait de sang.

Les deux filles massacrées étaient toujours là où elles étaient tombées.

Le commissaire Afouani, apercevant Malko, fonça vers lui, hystérique.

– Il y en a d'autres? Il y en a d'autres?

– Non, affirma Malko. Ne tuez surtout pas celui-là...

Il sauta du podium, encore choqué par l'abominable tuerie, et s'éloigna.

Il avait encore à faire.

CHAPITRE XX

Dalila Villanova réprima un frisson, sous une rafale plus fraîche. Le vent plaquait contre elle la soie légère de son ensemble bleu. Appuyée à la Mercedes, elle faisait face à Malko. Ce dernier avait conduit la voiture jusqu'au bord de la palmeraie, devant la villa-témoin d'un programme immobilier, et avait libéré Dalila. Volontairement, il avait laissé dépasser la crosse du Walther de sa ceinture. Dalila ne pouvait pas savoir qu'il ne contenait plus de cartouches. Malko venait de lui annoncer l'anéantissement du commando « Al Khatib al Maout », après la découverte des armes cachées par elle. « Gulgudine » était hors d'état de nuire, mais ne savait pas tout. Dalila était la seule à pouvoir lui expliquer tous les points obscurs de cette longue affaire.

– Voilà, dit-il. Si tu me dis toute la vérité, je te laisse cette voiture et quelques heures d'avance. Si tu refuses, je te ramène à la DST.

Dalila posa sur lui un regard froid.

– Tu me donnes le choix entre une mort propre et une mort horrible. C'est très généreux de ta part.

Malko n'avait pas envie de s'attendrir. Dalila portait bien son nom. C'était une meurtrière. Il ne se sentait pas le courage de lui mettre une balle dans la tête de sang-froid, comme d'autres agents l'auraient fait... Sa mort ne ressusciterait ni John Melrose, ni les deux

TUERIE À MARRAKECH

malheureuses filles, ni Saïd. Mais s'il pouvait, grâce à ses révélations, stopper une vaste opération terroriste, cela valait la peine de lui donner une chance.

– Nous n'avons pas beaucoup de temps, souligna-t-il d'une voix neutre.

Elle frissonna sous le vent du désert, les bras croisés sur sa poitrine. Puis elle sembla se décider d'un coup.

– Que veux-tu savoir?

– Qui a placé l'explosif dans l'avion où se trouvait John Melrose?

– Moi. Je lui ai donné un paquet, soi-disant des *ghoribas* destinés à une amie de Madrid. A l'intérieur, il y avait une charge d'explosif activée par un dispositif de mise à feu altimétrique.

Malko comprit que ses défenses étaient tombées. Elle avait renoncé à lutter. Il fallait exploiter ce renoncement.

– Qui t'a donné cet engin explosif? Tu ne l'as pas fabriqué.

– Non, c'est Slimane Smaïn, le général algérien qui est dans ma vie.

– Il voulait se débarrasser de John Melrose par jalousie?

La bouche de Dalila se tordit en un pli pervers.

– Par jalousie! Ça l'excite que je le trompe! Comme ça, il peut me battre et me baiser ensuite. C'est sa façon préférée de prendre son plaisir...

– Alors pourquoi?

Elle lui jeta un long regard teinté d'ironie.

– Tu avais presque deviné. A cause d'une photo que John avait sur lui.

Malko n'avait pas vraiment le cœur à savourer une victoire d'amour-propre établie sur tant de cadavres.

– J'ai vu cette photo, dit-il. Elle représente un isla-miste se trouvant à Peshawar.

Dalila ne répondit pas directement.

– Tu permets que je prenne une cigarette? Il y a un paquet de Lucky Strike dans la boîte à gants.

Malko ouvrit la portière, prit le paquet, et Dalila en sortit une cigarette qu'elle alluma avec l'allume-cigare. Après avoir longuement soufflé la fumée, aussitôt emportée par le vent, elle annonça d'une voix calme :

– L'homme sur la photo n'est pas islamiste. Il s'agit du colonel Mochrane Hattab, de la Sécurité militaire extérieure algérienne.

Malko marqua le coup. Enfin, il avait trouvé le lien entre Dalila et les islamistes. L'homme de la photo était un subordonné de l'amant de Dalila, le général Smaïn.

– Que faisait-il à Peshawar?

– Il était en mission. Il fait partie des membres de la SM qui ont infiltré la GIA en se faisant passer pour des islamistes. Il est resté plusieurs mois au Pakistan où tous ceux qui l'ont rencontré l'ont pris pour un islamiste en stage là-bas.

– Où se trouve-t-il maintenant?

– A Rabat, à l'ambassade, sous couverture diplomatique.

– Mais s'il est à Rabat, tous les Marocains connaissent son visage et peuvent l'identifier, objecta Malko.

– C'est vrai. Mais il y a un détail qui t'échappe. Mochrane est *très* chauve. Sur cette photo, avec sa calotte, on dirait qu'il a tous ses cheveux... Et puis, les Marocains ne l'imaginent pas en islamiste. Ils n'ont jamais fait le rapprochement.

– Et pourquoi John Melrose l'aurait-il fait?

– John « traitait » un informateur marocain, Jawad Benjelloun, qui travaillait aussi pour le colonel Hattab... Si John lui avait montré sa photo, il l'aurait, lui, tout de suite reconnu...

Elle se remit à fumer, laissant Malko absorber ces révélations. Il savait maintenant pourquoi l'affaire avait démarré. Mais beaucoup de points demeuraient obscurs. Et surtout le principal.

– L'identification de ce colonel Hattab n'était pas une catastrophe, remarqua-t-il. Les Marocains l'auraient expulsé, sans plus. Cela arrive tout le temps...

TUERIE À MARRAKECH

Dalila eut un sourire ironique.

– Tu n'as rien compris! Le colonel Hattab a été chargé par sa hiérarchie d'une mission très « pointue » et totalement secrète : infiltrer des groupes islamistes pour leur faire commettre des attentats au Maroc, en faisant porter le chapeau aux intégristes. D'ailleurs, ceux qui ont été tués ce soir croyaient dur comme fer qu'ils travaillaient pour un chef fondamentaliste. Comprends-tu? Les services spéciaux pakistanais ont monté une vaste opération de déstabilisation des pays arabes non encore aux mains des fondamentalistes. Grâce au financement de l'Arabie Saoudite, ils sélectionnent un peu partout des « sujets » malléables, les font venir au Pakistan, à Peshawar. Là-bas, ils reçoivent une formation religieuse et militaire, avant d'être renvoyés dans leur pays d'origine. Ensuite, ils sont recontactés par leurs « émirs », ceux qui les ont instruits et recrutés pour accomplir des « actions ». En Jordanie, en Egypte, en Tunisie, en Libye, dans les pays du Golfe, et maintenant au Maroc...

Malko découvrait avec stupéfaction une organisation de subversion dont aucun grand service n'avait jamais entendu parler. Ce n'était pas étonnant que les services pakistanais y soient mêlés. De tout temps, leurs responsables avaient été des fondamentalistes convaincus, qui avaient aidé au maximum Gulgudine Hekmatiar, le plus radical des intégristes afghans...

– Pourquoi avoir recruté des intégristes contre qui vous luttez en Algérie, qui sont vos ennemis jurés, pour commettre des attentats au Maroc?

Dalila ne répondit pas tout de suite. Malko sentait que c'était le nœud tordu de toute cette affaire. La clef qui allait tout expliquer. La jeune femme se décida enfin.

– Le chef d'état-major de l'armée algérienne a décidé une opération secrète afin de punir les Marocains, expliqua-t-elle.

– Les « punir »? De quoi.

244   *TUERIE À MARRAKECH*

– Les dirigeants d'Alger leur reprochent deux choses. D'abord de laisser transiter par leur pays un important trafic d'armes qui alimente le FIS et le GIA. Les armes partent d'Europe, de Belgique, de Hollande, d'Allemagne ou de France, transitent par l'Espagne, puis entrent au Maroc à Algésiras par la route. Ensuite, elles sont stockées dans des caches et envoyées dans les maquis algériens à travers la frontière algéro-marocaine, impossible à surveiller... En second lieu, le gouvernement algérien en veut beaucoup au roi Hassan II de ne pas prendre position plus violemment contre l'intégrisme.

– A propos d'armes, demanda Malko, où avais-tu dissimulé celles que tu as apportées à *La Mamounia*... J'ai fouillé ta chambre, il n'y avait rien.

– Dans une chambre en travaux. Dès que je suis arrivée. La porte était toujours ouverte.

– Tu crois que c'est en assassinant des cover-girls innocentes que le roi Hassan changera d'avis?

– Moi, je n'en sais rien, reconnut Dalila d'une voix lasse. Mais eux pensent qu'une menace de déstabilisation suffira à raidir la position marocaine vis-à-vis des intégristes du FIS. Le Maroc est un pays de tourisme... Un carnage dans un hôtel de luxe suffit à faire fuir les touristes pour longtemps...

Calcul abominable, mais juste. L'Egypte et la Turquie avaient déjà fait les frais d'attaques similaires. Leurs recettes touristiques, indispensables à leur équilibre économique, avaient vertigineusement fondu.

Malko était atterré. Comment une femme évoluée comme Dalila avait-elle pu se prêter à cette abomination?

– Ton amant, le général Smaïn, n'a pas pu deviner que John Melrose détenait une photo du colonel Mochrane Hattab, remarqua-t-il. Il n'y a que toi qui as pu le lui dire...

Pour la première fois, la jeune femme manifesta un trouble réel.

– C'est vrai, reconnut-elle. C'est moi qui le lui ai

TUERIE À MARRAKECH

appris. J'ai reconnu Mochrane, quand John Melrose m'a montré la photo, sans se douter que je pouvais identifier cet intégriste. Quand j'ai raconté ça à Slimane, il est devenu fou; lui savait que, par Jawad Benjelloun, John pouvait identifier Hattab. Et là, toute la manip était fichue. Les Marocains découvraient que nous étions derrière l'opération « Al Khatib al Maout ». Il m'a fait parvenir un engin explosif par ses réseaux, en me donnant l'ordre de le mettre dans la valise de John. Je n'avais rien d'autre à faire. L'engin était préréglé pour exploser à 1 200 mètres.

Elle se tut. Malko savait enfin pourquoi John Melrose avait péri en compagnie de quarante-trois autres innocents. La femme qui se trouvait en face de lui était un monstre.

– Tu n'as pas pensé à le lui dire, au dernier moment...?

– Si.

– Pourquoi ne l'as-tu pas fait?

Elle haussa les épaules. Désabusée.

– C'est la seule question à laquelle je ne répondrai pas. Imagine ce que tu veux. J'ai toujours été folle amoureuse de Slimane Smaïn, même si c'est un abominable salaud. Peut-être *parce que* c'est un abominable salaud. Ne cherche pas à comprendre. J'étais amoureuse de John aussi, je te le jure. Il était le contraire de Slimane...

À quoi bon répondre? Dalila avait un homme dans la peau, un point c'est tout. Elle tendit sa main droite, la paume en l'air, à Malko.

– J'ai rempli ma part du marché. Donne-moi la clef.

Malko n'avait qu'une parole. Il lui tendit la clef de sa Mercedes et elle se mit au volant, repartant vers la ville. Elle s'arrêta à la jonction de l'avenue Mohammed V et de l'avenue de France.

– Ici tu trouveras des taxis, dit-elle.

– Je ne dirai rien avant demain matin.

Malko croisa son regard. Son expression était indéfinissable. Un mélange de tristesse, de haine, de défi et de fatalité.

– Au revoir, dit-elle.

Il ne lui souhaita pas bonne chance. La Mercedes décolla du trottoir et disparut dans la nuit.

Le colonel Mochrane Hattab trottait à petites foulées le long de l'avenue des Zaers lorsqu'une voiture arriva à sa hauteur. Quatre hommes se trouvaient à bord. Il reconnut des policiers de la DST marocaine et continua son jogging. La voiture lui fit une queue de poisson et stoppa quelques mètres devant lui. Tous sortirent, sauf le chauffeur. L'un d'eux exhiba une carte de la DST et lança au colonel algérien :

– Venez avec nous.

Mochrane Hattab le prit de haut.

– Je suis diplomate, vous n'avez pas le droit de m'arrêter. Voici mes papiers.

Il ne put même pas terminer son geste. Deux des policiers – des balèzes – l'avaient ceinturé et le portaient littéralement dans la voiture.

– Diplomate, mon cul! lâcha le commissaire marocain.

Dès qu'il fut dans la voiture, à l'arrière, serré entre ses deux anges gardiens, le commissaire assis à l'avant se retourna en ricanant.

– Tu as tort de faire des difficultés. On va te présenter à un type qui t'adore. Qui ne jure que par toi. Il pense que tu vas descendre du ciel pour le tirer de la merde où il se trouve. Mais ça, tu vois, même Allah en personne n'y arriverait pas... Tu connais un certain Jaafar Benkirane? Il se fait appeler aussi « Gulgudine ».

Le colonel Mochrane Hattab parvint à rester impassible.

– Ramenez-moi immédiatement à mon ambassade, sinon, vous aurez de *très* gros ennuis, menaça-t-il.
– Ah bon! fit le commissaire. Tu sais que notre patron, M. Basri, a pris ses instructions directement chez Sa Majesté? Si tu connais quelqu'un au-dessus de lui dans ce pays, dépêche-toi de nous le faire savoir... A propos, ton copain, il te connaît seulement sous le nom de « Brahim ». Tu ne t'es jamais appelé « Brahim »?

Mochrane Hattab regardait défiler les élégantes villas de Souissi en cherchant à maîtriser les battements de son cœur. Son avenir immédiat était sombre.

Jaafar Benkirane regardait obstinément le plancher sale de la pièce où il se trouvait, au rez-de-chaussée de l'immeuble moderne abritant la DST marocaine de Rabat. Il était assis sur une chaise, les poignets menottés derrière le dos. Son œil droit était fermé par un hideux hématome. Les trois projectiles tirés dans sa jambe droite n'avaient pas fait tant de dégâts. Il arrivait à marcher en boitant. Il avait tellement été battu depuis son arrestation que tous les muscles de son corps lui faisaient mal. Mais cela, c'était la règle du jeu. Il regrettait seulement de n'avoir pu accomplir sa mission. Pour le reste, Inch Allah...

Il savait qu'il serait pendu ou fusillé, et sûrement à nouveau torturé. Dieu lui donnerait la force de résister. Il n'avait rien fait de mal, seulement combattu pour le triomphe de la Foi. Il n'éprouvait que mépris pour les policiers qui l'avaient battu. Satan les avait égarés, alors que lui était sur le Bon Chemin.

Il ignorait pourquoi on l'avait transféré à Rabat et s'en moquait. Soudain, la porte s'ouvrit et on poussa dans la pièce un homme en survêtement blanc, les poignets également menottés derrière le dos. Son arrestation devait être très récente car il paraissait en bonne forme physique. Lorsqu'on le fit se retourner face à

Jaafar Benkirane, ce dernier eut l'impression de recevoir un énorme coup dans l'estomac.

C'était Brahim. Son « émir », l'homme qui l'avait
recruté à Peshawar, qui lui avait fourni les armes,
l'argent, et désigné son objectif. Celui qui lui avait
ouvert les yeux surtout sur la nécessité du Djihad. Il
lutta de toutes ses forces pour maîtriser son chagrin.
Ainsi, Brahim était aussi tombé dans les filets de la
police marocaine... Il respira profondément. D'autres
prendraient leur place.

Le commissaire se planta devant lui.

– Tu connais cet homme?

Jaafar Benkirane leva à peine un regard torve.

– Non.

Les instructions étaient formelles. On ne devait
jamais se reconnaître, entre frères. Ne jamais collaborer
avec l'ennemi. Le commissaire haussa les épaules et
continua d'un ton léger :

– Mais si, tu le connais. Sous le nom de « Brahim ».
Tu l'as connu à Peshawar.

Il mit la fameuse photo sous le nez de Jaafar. Celui-ci
se dit qu'avec sa calotte blanche, Brahim faisait dix ans
de moins. Là, il voyait son crâne dégarni et lui donnait
près de cinquante ans... Il resta silencieux. Ils en
savaient beaucoup, mais cela n'avait plus guère d'importance.

Brahim lui aussi demeurait obstinément silencieux.
Jaafar salua intérieurement son courage. C'était un vrai
moudjahid. Le commissaire revint à la charge. Il mit une
autre photo sous le nez de Jaafar.

– Regarde ton ami « Brahim ». Il est beau en
uniforme, non?

Jaafar baissa les yeux. C'était un agrandissement
d'une brochette d'officiers en uniforme de l'armée algérienne. « Brahim » se trouvait au premier rang, devant
plusieurs généraux. Jaafar connaissait le visage de l'un
d'eux, connu pour sa haine féroce des intégristes. Il
faisait brûler vivants ceux qu'il arrêtait. Pour ne pas

être troublé, il détourna le regard. La photo disparut, remplacée par une carte d'identité algérienne. Elle était au nom de Mochrane Hattab, colonel de l'armée algérienne. « Brahim » y était parfaitement reconnaissable...

Le commissaire de la DST enchaîna :

– Ton ami « Brahim » est en poste à l'ambassade d'Algérie, ici, à Rabat. Il y représente la Sécurité militaire extérieure. Il n'a jamais été islamiste. Toute sa vie, il a lutté contre eux. Il a abattu des dizaines de tes copains. Et c'est pour lui que tu as travaillé. C'est à cause de lui que tu vas être fusillé. Pour réussir une misérable manip commandée par les généraux du FLN. Tu sais, ceux qui haïssent tant le FIS et le GIA et tous les intégristes en général. Tu t'es bien fait baiser !

Jaafar Benkirane aurait voulu pouvoir se boucher les oreilles. Les mots le frappaient plus durement que les nerfs de bœuf utilisés par les tortionnaires de la Sûreté nationale. Ce n'était pas possible, on voulait le briser. Il leva la tête, cherchant désespérément le regard de Brahim. Il aurait déjà dû entendre sa voix, ses dénégations.

Il découvrit un visage gris de peur, décomposé, le menton en retrait, le regard fuyant. « Brahim » avait disparu, laissant la place à son double, pétrifié de lâcheté et de peur. En une fraction de seconde, Jaafar sut qu'on lui disait la vérité. Qu'il avait été abusé par un des pires ennemis du Djihad. Il eut l'impression que tout le sang de son corps se ruait dans sa tête. Il poussa un grognement qui ressemblait à un rugissement, décolla du sol, comme s'il avait eu des ressorts sous ses semelles.

De tout son poids, il se jeta sur le colonel Mochrane Hattab, qui devait peser vingt kilos de moins que lui, et l'aplatit contre la cloison. L'autre poussa un cri étranglé. Ce fut le dernier son qu'il émit.

Les canines de Jaafar Benkirane s'étaient plantées dans sa gorge, exactement à l'endroit de sa carotide gauche. Jaafar n'avait pas été pour rien boucher *hallal* :

il connaissait l'anatomie. Il referma ses dents sur l'artère qui palpitait, s'y accrochant comme un pitbull à sa proie. On lui tapait dessus, on le menaçait, les hommes dans le bureau se bousculaient pour l'arracher à sa victime.

Cela eut exactement l'effet contraire. Il dut reculer, arraché à sa victime par trois hommes, mais il emporta entre ses dents un morceau de carotide. Un jet de sang jaillit de la gorge du colonel Hattab, irrésistible. Lorsque Jaafar tomba à terre, assommé d'un coup de crosse, ses dents ne s'étaient pas desserrées. Mais il n'eut pas le plaisir de voir mourir le colonel Mochrane Hattab.

Avant de perdre connaissance, sa dernière pensée fut qu'on ne pourrait pas le fusiller deux fois.

Les Editions Gérard de Villiers
présentent

L'inspecteur Buckingham

une nouvelle série policière,
originale,
dans la grande tradition anglaise

Pour la première fois, une romancière a
l'audace de forcer les portes de la famille
royale, de divulguer ses secrets
en racontant les événements troublants
qui s'y produisent : meurtres, vols,
chantages, ...

Margaret Ring est la veuve d'un attaché
militaire de la Maison de la reine. Elle vit
retirée dans une ferme du Sussex, où elle écrit
depuis deux ans.

Ne manquez pas les premiers titres de
L'inspecteur Buckingham

Crime chez la reine
Royal chantage

Parution : février 1995

PARIS FINE GUEULE c'est plus de 1 000 adresses de restaurants parisiens dont 400 passés au crible de la plume alerte et aiguisée de François Simon. Grand reporter au *Figaro*, François Simon écume les salles de restaurants depuis qu'il est entré à la rédaction en chef du *Figaroscope* voici 7 ans. Dégustateur impitoyable, il ne s'annonce jamais et règle lui-même l'addition sous un nom d'emprunt afin de ne jouir d'aucun traitement de faveur.

François Simon a sélectionné **LES TABLES QUI VALENT LE COUP**, les 5 à 10 restaurants incontournables pour chaque arrondissement parisien. Il nous emmène ensuite à la découverte d'une sélection plus large de restaurants recommandés et classés par tranche de prix.

Nous plongeons ensuite dans les **VERTIGES DE L'ADDITION** où François Simon décode scrupuleusement la note effectivement réglée lors de sa visite. Dans ses chroniques **DU MIEL ET DU FIEL**, il pourfend la médiocrité et tord le cou à la moindre faute de goût. **ETATS DE SIEGES** permet de visiter en détail certains restaurants grâce à un plan de salle illustré et une étude minutieuse du service, des odeurs, bruits, emplacements,... Enfin, avec les rubriques pratiques **ENCORE PLUS, TERRASSES, AUTOUR DE MINUIT, OUVERT LE DIMANCHE**, François Simon vous permet de faire « mouche » à chacune de vos sorties, pour un dîner qui se doit d'être toujours une fête...

Prix : **149 FF TTC** En vente dans toutes les bonnes librairies et grandes surfaces.

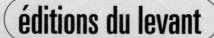

36.15

SAS

LA MESSAGERIE D'ALEXANDRA

**

LA COMTESSE
ALEXANDRA
VOUS RACONTE SES
AVENTURES
LES PLUS TORRIDES
SUR MINITEL

IBT 1,27 F/mn

IMPRIMÉ EN FRANCE PAR BRODARD ET TAUPIN
Usine de La Flèche (Sarthe), le 05-01-1995.
5185 B-5 - Dépôt Éditeur 5912 - 01/1995.
Édition : 01.
Dépôt légal : janvier 1995
ISBN : 2-7386-5730-3

42/5730/9